上海对外经贸大学085工程重点学科专业建设(Z085FX13095)成果

公司司法清算法理与制度研究

——以利益平衡为视角

李　磊◎著

中国政法大学出版社

2014・北京

序 Preface

我在上海市人大常委会法制工作委员会工作时，与本书作者李磊有接触。当时，他在上海市劳动和社会保障局（现人力资源与社会保障局）法规处工作。后来，他离开机关，走上了学术之路。在万人争过“独木桥”，想当公务员的大环境下，李磊甘愿放弃原有的身份，从事学术研究，受一份青灯黄卷的清苦，想必是经过深思熟虑的。他本来给我的印象就是一个头脑十分清醒的青年人。

李磊的博士就读于复旦大学法学院，师从胡鸿高教授。在胡教授的精心指导下，业务日渐精进。此部专著是其近几年学术研究的一项成果。本书以利益平衡理论为视角，对长期困扰理论和实务研究的公司司法清算问题进行了较为深入的理论探讨，并从完善机制角度提出了可资借鉴的建议，相信能够为相关的理论发展和实际问题的解决做出有益的贡献。

我想，李磊应该在学术研究中尝到进步和成功的喜悦了。

他的特点是有韧劲，肯坚持。

“坚持”是一种态度，一种持之以恒、不离不弃、“咬定青山不放松”的态度。学术研究不是请客吃饭，既不潇洒，也不可爱，可能更多的是一种“苦差事”。这就需要青年学者们肯坐冷板凳，肯把大量的时间投入到学术研究中去。更为重要的是，在面对挫折时不放弃，不消沉，坚持学术梦想，不断自我加压、自我改进和提高水平，实现自我突破。

“坚持”是一种行动，一种为了实现目标而努力奋斗，不达目的不罢休的行动。学术研究光有热情和态度还不行，还必须有行动。这种行动主要表现为不断阅读来充实自己，笔耕不辍，不断对社会现实问题作出自己的回应。通过长期的积累，对一个有一定深度和广度的问题形成系统化、规范化的理论分析框架和体系，并通过文字表达出来。这一过程既是分析问题、解决问题的过程，也是自我锤炼、自我提高的过程。每一个有所成就的学者必然经过这一过程。所以，行动上的坚持是青年学者成长过程中的“必修课”。

“坚持”是一种境界，是一种不满足于现状，希望不断进步的思想觉悟和精神修养。学者贵在独立的人格、独立的精神，并以此对社会现象和问题为公众作出独立的判断和解释。要实现这一点，学者必须在成长时期沉下心来，日积月累，形成自己独特的风格和创新性成果。在这一过程中，“坚持”成了学者独特的修为。青年学者尤其要理解“坚持”的价值，通过自己的行动达到理想的境界。

李磊还年轻，我相信，他凭借自己已经养成的持之以恒的做事态度，随着自己学术上的进步，一定会为这个时代奉献更好的学术精品。

沈国明

上海市人大常委会委员

上海市社联党组书记、专职副主席

中国法学会学术委员会委员

中国法理学会副会长

研究员、博士生导师

2014 年 6 月

内容摘要 Abstract

公司司法清算制度是市场经济法律体系的重要内容，然而长期以来，该内容在我国一直处于立法空白状态。最高人民法院《关于适用〈中华人民共和国公司法〉若干问题的规定（二）》出台后，虽然初步建立了司法清算制度，但相关案件依然难以处理。究其原因，一方面是现实情况的复杂导致司法部门处理的困难，另一方面也反映出目前立法仍然有需要充实和修正的地方。本书认为我国应当坚持“公平优先，兼顾效率”的价值取向，建立以利益平衡为导向的公司司法清算制度，实现维护社会和谐稳定、保障社会公平底线、高效利用资源的公共政策目标。

导论在论证选题的目的和意义的基础上，对国内外的相关研究现状和主要观点进行了系统的梳理综述，对下文的论述起到铺垫作用，并对本书总的研究思路、研究方法和结构安排进行了阐述。

第一章主要对公司清算的基本理论问题进行研究和阐明，为进一步的研究打下基础。从民法角度而言，公司清算的内涵可以解释为公司代理机构及其功能的法定变更；从公司法角度而言，公司清算可以解释为公司控制权根据“剩余”不同而在不同主体间的转换。结合上述结论以及对利益相关人理论、企业社会责任理论的产生背景、内容以及造成的影响的分析，本书认为，利益平衡理论在公司法上的适用，应当根据公司发展阶段的不同而有所调整。在公司正常经营阶段，应当坚持效率优先，侧重保护股东利益，适当考虑其他利益主体的利益，实现经营状态下的利益平衡；在公司清算阶段，则应当坚持公平优先，侧重考虑其他利益相关人的利益和社会公共利益，实现清算状态下的利益平衡。

在公司司法清算中，主要存在着诸如个人利益与公司利益、社会公共利益的冲突；财产性利益与非财产性利益的冲突；偿还性利益与非偿还性利益的冲突；财产性（偿还性）利益之间的冲突等各种利益冲突。上述利益冲突产生的原因是：公司财产的有限性、利益相关人信息的不对称性和有效调节机制的缺乏。

我国当前公司司法清算应当坚持“公平优先，兼顾效率”的价值取向，公司司法清算利益平衡的公共政策目标是：减少社会矛盾、保障社会公平的底线、高效的资源利用。

第二章从公司治理的视角，着重研究了司法权力对公司清算干预的方式和边界。公司治理应当贯穿公司从设立到消亡的始终，广义上的公司治理应包括公司清算阶段。从西方公司治理的模式来看，在股份有限公司方面，主要有双层制和单层制两种类型，而有限责任公司的治理模式不拘一格。法律充分尊重公司的意思自治。总的来说，公司治理是法定框架下公司意思自治的体现。

在上述讨论的基础上，笔者从司法权力的特殊性着手，从四个维度讨论了司法权力介入公司清算的问题：一是公司清算是否“可诉”问题。公司清算虽非传统对抗型纠纷，但是从立法和实践来看司法权力都能够处理公司清算问题。二是司法权力在解决公司清算问题时的能动性发挥问题。法官在处理清算案件时，应当更多地倾向于“职权主义”。司法权力应当在保障程序公正、保障信息充分公开和监督清算组履行义务、督促清算义务人履行清算义务等方面，充分发挥作用。三是司法机构自身能力的局限性问题。司法机构基于自身能力所限，对于处理群体性争议和对技术性结果的审查缺乏相应的能力。此时，司法机构不得不部分地放弃自己的权力。四是司法机构与当事人的互动问题。在司法清算中，法院应当坚持以言词原则为主的与当事人的直接沟通，只有这样才能保证有效性和公正性。总的来说，司法机关对公司清算的介入，应当以有利于解决公司清算中的纠纷、有利于实现各方利益平衡为目的，在具体介入的过程中有所取舍。

第三章主要讨论司法清算启动中的利益平衡，并对督促清算义务人履行清算义务的法律手段进行了研究。公司清算的原因是解散。立法在选择公司解散起诉权分配条件的时候，已经考虑了两个方面的利益平衡：一是起诉股东与其他股东之间的利益平衡；二是大股东与小股东之间的利益平衡。除立法方面，司法机构在处理公司解散案件时还会针对个案的具体情况进行个案的利益平衡。

公司解散后，如果清算义务人不履行相关义务，法律赋予了部分主体司法清算的提起权。是否赋予一类主体司法清算的提起权、该主体提起权的顺位如何，应当以该主体在公司清算中所具有的利益多寡，即利益相关程度为准。债权人、股东、国家应当被赋予提起权。

清算义务人不履行清算义务，可能导致公司延迟清算甚至无法清算。因此必须用包括民事责任的追究和行政手段在内的法律手段督促清算义务人履行义务，主动清算。清算义务人不履行清算义务，应当承担清算赔偿责任，而不是“清算责任”。这种清算赔偿责任的性质是一种基于高度注意义务的侵权责任。在其他手段方面，还可以采用公司解散登记备案，查封、扣押和冻结清算义务人的个人财产以及限制其出境的措施等。

第四章主要讨论公司司法清算的进行和结果确认中的利

益平衡。人民法院受理司法清算申请后，首要的任务是组成清算组。考虑到人民法院在司法清算中对于清算组成立、职责以及报酬的确定，议事程序等方面，均具有决定性的权力，本书将司法清算的清算组与清算公司的关系界定为一种“司法强制代理”。本章在此基础上讨论了清算组的组成问题。现行规定可能造成清算组中缺乏“外部人”利益表达机制，从而造成债权人等利益相关人的利益损失。解决这一问题的最终方案是建立一支专业、中立的清算人队伍，不受公司“内部人”的制约。目前可以考虑适当地让债权人和其他利益相关人的代表加入到清算组中。

在对公司司法清算开展的讨论中，笔者对债权人与清算组权利的制衡、协定债务清偿制度以及司法清算中的清偿顺位问题进行了重点研究。债权人与清算组权利的制衡，包括通知公告债权人制度、债权人异议制度、清算组行为禁止制度和清算组法律责任追究制度。其中债权人异议权是债权人表达自己利益诉求的重要权利。然而目前没有形成相对固定的债权人会议，难以有效地提出异议。故如果债权人对核定债权有异议，应允许其提出自己的候选人进入清算组。清算组违法清算，造成公司或债权人损失的，应当承担侵权责任。协定债务清偿制度应尽量平衡各利益相关人的利益，但由于债权人没有形成一个相对固定的组织，这种松散的状态导致该协议的制定和认可实际上由清算组主导，因此，公司司法清算中应当有债权人会议。在公司司法清算中也要明确清偿顺序，除担保债权外，清算费用、人身损害赔偿、劳动债权应当具有优先受偿的地位，但是国家税收（包括各种非社会保险类的行政性收费、罚款）不应当列为优先受偿的债权。

在公司司法清算结论的确认方面，本章承继第二章的有关结论，探讨了司法权力对清算结论的审查的特点以及方式，并提出司法审查应当具备以下几个特征：一是从审核的内容来看，主要是对清算过程中是否有违法行为或明显的不合理行为进行审查；二是从审核层面来看，主要是从法律层面进行审核；三是这些审查应当属于实质性审查的范畴。

最后，第四章还讨论了公司注销后未清偿债权的处理问题。笔者将该问题分为两种情况分别讨论：一种情况是公司未经过合法清算而注销。该情况下也可能存在两种情形，第一种情形是公司清算义务人故意或者过失不承担法定清算义务，逃避债务。此时，公司清算义务人应当承担不作为的法律责任。第二种情形是股东在注销时向工商行政部门作出承诺清偿债务。对此，本书认为，应当承认该承诺的效力，要求承诺人对注销后未清偿的债权进行清偿。另一种情况是公司经过合法清算注销后，仍有债权人主张债权。此时，有三种情形：在一般情形下，公司合法清算完毕后注销，不再清偿任何债务。第二种情形是有人自愿承担相应的债务，则属于自愿承担债务的范畴，应当允许。第三种情形是发生公司股东在注销时承诺偿债的情形，则也应当予以承认，但是股东只需要在其分得的剩余财产范围内清偿，超过部分可以不予清偿，以平衡股东和债权人的利益。

目录

导论

第一节 选题背景与意义

公司清算包括破产清算和非破产清算。非破产清算一般是指公司自愿解散或因陷入公司僵局而被法院解散后，由公司自行或者由法院主持对公司的债权债务进行清理，了结法律关系，最后注销公司的过程。本书所指的“司法清算”[1] 是指由法院组织并加以监督的非破产清算。本书选择该题目主要基于以下几个因素：

一、基于清算在公司法律中的重要作用

清算是公司组织法治的重要环节。市场经济体制不仅需要完善的公司（法人）的市场准入机制，也需要完善的退出机制。完善的退出机制，保证了市场交易安全和对市场正常秩序的维

〔1〕“司法清算”一词并非笔者自创，法国有《司法重整与司法清算法》。

持。从我国现行的法律制度来看，公司的市场退出机制包括解散、清算和登记公示三个阶段。

由于营业活动是公司的主要活动和成立目的，因此解散一般就意味着公司不再具有存续的必要，也意味着公司退出市场的开始。而登记公示是公司退出市场过程的终结，其意义在于通过行政权力，将公司从市场主体和竞争管理机关的系统记录中除去，并以此向整个市场公示，同时确定退出时间。在解散和登记公示之间是清算。清算的主要功能概括起来就是理清公司账目，结清债权债务。其重要意义在于：其一，规范公司退出，维护交易秩序和交易安全。公司在营业存续期间必然与其他主体之间发生业务往来，从而产生债权、债务。一旦公司终止营业，退出市场，其必须在退出前将所欠债务结清。这是因为公司作为拟制的人，不同于具有自然的生殖繁衍能力的自然人，公司没有继承人。因此，如果不在公司彻底退出市场前结清债务，就可能发生日后无所追偿的局面，这就扰乱了正常的市场交易秩序，危害了交易安全。其二，防止个别人私分公司财产，损害其他利益相关人的利益。公司一旦解散，实际控制公司的股东、董事或者经理有可能会出于私利，私自处分公司财产或不公平地分配财产，从而损害其他股东和利益相关人的利益。为防止上述情况的发生，就需要以法定的形式明确清算程序，保证公司财产得到公平分配。此外，清算程序作为一个法定的程序，本身也能够彰显正义，给社会和广大债权人、股东一个交代，具有程序正义的意义。因此，法律规定清算程序作为公司退出机制的重要组成部分，在整个公司退出机制中不可或缺。

二、基于我国长期以来缺乏真正完备的清算机制

清算在东西方法律传统中长期以来都是不可或缺的重要内容。如中国古代就有的“清盘”等制度，西方法律制度中更甚。在近现代商法中，有限责任制度是重要的法律基石之一。但是该制度在保护和鼓励投资的同时，也威胁甚至损害了债权人的利益，使得很多债权无法完全收回。有的企业在被吊销营业执照后就关门大吉，股东借此逃脱还债责任。有的企业甚至恶意解散，逃避债务，股东私分财产，使得债权人仅有的一点获得清偿的希望都破灭。清算制度就是一个强迫公司在注销之前必须用公司的资产清偿债务的程序。但在我国长期的计划经济体制下，企业的清算制度一度变得可有可无，并无独立的法律地位。这一点可以从《民法通则》中看出。该法只在第40、47条笼统地规定了法人破产、终止应当清算。如《民法通则》第47条规定，企业法人解散或被撤销后应组织清算组，进行清算。但对相关程序、权利、义务、责任均未涉及。而且最高人民法院《关于贯彻执行〈中华人民共和国民法通则〉若干问题的意见（试行）》第59、60条规定：“企业法人解散或者被撤销的，应当由其主管机关组织清算小组进行清算。”“清算组织是以清算企业法人债权、债务为目的而依法成立的组织。它负责对终止的企业法人的财产进行保管、清理、估价和清偿。”这一规定似乎表明企业法人可以不经过清算而终止。加上当时公司法尚未出台，企业正常的清算一直无法可依。这种状况的延续甚至造成了一个更为严重的后果，即混淆了企业解散和法人终止的关系，导致清算变成了可有可无的东西。有法院根据该条规定，

认定企业解散后，法人资格即行终止。这就推导出一个荒唐的结论：既然法人终止，就不需要清算，更不需要还债。在《公司法》2005年修订后，清算作为一个法律问题具有了一个初步的程序雏形。该法在第189、191~198条（2013年12月28日，根据全国人大常委会关于修改《中华人民共和国公司法》的决定，前述条款序号变为第180、182~189条，下同）规定了有关清算的问题，初步规范了清算组的成立和权利义务责任、债权债务公告、清算方案确定、编制资产负债表、清算报告的制作和通过等重要问题。但总的来说较为原则，缺乏可操作性，仅具有一定的宣示意义。2005年《公司法》进行了大规模修改，但对于清算这部分内容并未有较大的改进，上述问题仍然没有解决。可以说，直至那时，相比《破产法》中有关破产清算的详细而具体的法律体系，非破产清算的法律体系根本没有建立起来，遑论指导实践了。有统计表明，我国经济最发达的上海市自1990年到2009年的20年间，被吊销执照的公司共有453 069家，其中仅2008年和2009年就分别吊销了36 112家和38 975家企业的营业执照。但吊销执照后主动清算后注销的只有7814家[1]（吊销执照后经清算注销公司与未清算公司之间的对比见下图）。自金融危机以来，许多公司资金链断裂，公司经营状况恶化，公司内部经营矛盾大量突现，要求解散、清算公司的案件也大量增加。

---

〔1〕 该数字来自上海市工商局内部数据。

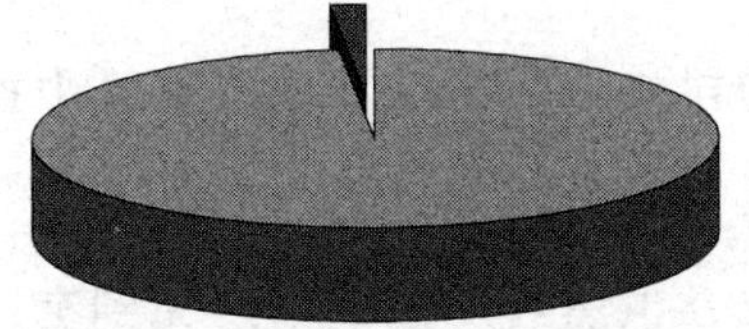

对于上述情势，法院由于长期缺乏明确的操作依据，无法参与其中。直至2008年5月最高人民法院颁布的《关于适用〈中华人民共和国公司法〉若干问题的规定（二）》（以下简称《公司法司法解释（二）》），才在实体和程序上对清算问题作了一个较为全面的规范，并且在一些重大的理论问题上作了统一，如解散和公司法人终止的关系问题、清算诉讼的被告确定问题等，初步建立了一个非破产清算的法律体系。应当承认，这一司法解释为解决长期困扰司法界的清算问题打开了一扇门。然而这一司法解释仍然无法满足审判实践的需要。据笔者了解，自该解释2008年5月出台至2010年5月长达两年的时间里，以上海市为例，尚无法院受理此类案件。原因主要是：其一，公司的股东找不到，更无法获得公司清算所必需的账册材料；其二，凡主动向法院提出司法清算申请的案子，一般都面临着十分复杂和棘手的法律关系，而法院系统尚未就此类案件形成一个较为完备的处理规范，一旦受理会难以处理，久拖不决。然而法院的不处理不意味着没有需求。笔者从上海市工商局了解到，目前需要法院介入的清算案件潜在数量并不少，主要集中在国企改制过程中和公司持有法人股需要及时变现等情况。针对上述情况，一些地区的高级法院曾经自行出台有关公司强制清算方面的规范意见，以解决本辖区内审理相关案件规范依据不足的问题。

三、基于人民法院主导的司法清算将在非破产清算中扮演重要角色

我国长期以来的清算立法，虽然经历了一个从无到有、从匮乏到初步建立体系的过程，但基于我国长期以来的计划经济体制所导致的公法优位传统，公司清算立法从一开始就重视法院的地位和作用，也就是说司法清算一直伴随着我国清算法律的发展。从《民法通则》到《公司法》，再到《公司法司法解释（二)》，人民法院一直在非破产清算中扮演着重要的角色。这种情况的产生，可能与以下两个方面的原因有关：一方面是上述的公法优位原因，加上我国企业自身主体意识不强，股东缺乏法律意识以及社会信用意识，股东和债权人、债务人之间缺乏起码的信任——必须借助法院的力量才能完成清算工作。由于我国市民社会尚未完全建立，股东的投资人意识和责任意识也没有完全树立起来，股东自愿清算在其后的一个时期内可能还不是清算的主流，而法院将会发挥较大的，甚至是主要的作用。另一方面原因是主管机关的缺位。1993 年《公司法》在制度设计时，确立了公司解散后，先由公司自行清算，如果公司不能自行清算，则由人民法院或者主管部门组织清算。而随着我国国有企业改革的不断深入，除了一些国有独资企业外，大多数投资主体为多元化的自然人、法人和其他组织。这些公司依照《公司法》登记注册，并不被要求必须有主管机关后才

授予其法人资格。[1] 而"主管部门"的概念已经不存在了。因此依靠"主管部门"组织清算，在很多情况下根本行不通，从而更加依赖人民法院。为了更好地处理公司司法清算问题，最高人民法院曾经在总结各地法院经验的基础上出台了《关于审理公司强制清算案件工作座谈会纪要》(法发〔2009〕52 号，以下简称《会议纪要》)，以规范法院的司法清算工作。在客观上，这更进一步强调了法院在公司清算中的重要地位。

四、基于利益平衡理论在公司立法中愈加重要的地位

"利益平衡"一词在法律上可以有多重含义：首先，它可以指一种政策手段，即在进行利益分配时，对各利益主体所获利益进行衡量，并在各方利益均衡的基础上进行分配。其次，它可以指一种政策目标，即某种政策的制定目标是使所有利益主体的利益实现均衡化。最后，它可以指一种状态，即所有利益主体所得利益实现均衡。很明显，除了第一种作为政策手段的"利益平衡"外，第二种是一种动态意义上的"利益平衡"，而第三种是静态意义上的"利益平衡"。

我国长期以来的商事立法一直未将利益平衡理论作为指导性理论加以重视，计划经济年代重点保证国家、集体的利益，即大股东的利益，后来又开始重视债权人的利益，认为这样能保护交易安全和市场秩序。但实际上在非破产清算中应当在各个阶段都考虑各个方面的利益，包括大股东、小股东、债权人、债务人、政府、职工的利益（按照国外理论，甚至连社区、消

〔1〕 张永钦："论公司解散后清算人不能选任时的法律救济"，载《江西财经大学学报》2005 年第 3 期。

费者、供应商的利益都要考虑，后文详述)，以期达到利益的平衡，实现各方利益的平衡才是清算的终极目的，因此有必要以利益平衡理论为视角来探讨公司司法清算的相关法律问题。在外国，该理论早已经成为指导公司立法和司法的重要理论依据。以公司解散清算为例，有外国学者就曾经指出："在做出清算企业的决定时，管理层需要考虑企业是否具备以下情形，①企业已到了寿终正寝之时；②企业失去了关键员工；③企业失去了市场占有率；④企业仍保有任何保持运作能力的子机构（已成立的或通过向另一运营部门转移而创建的)。此外，在做出清算决定时，管理层必须考虑一些关键问题，例如，与客户妥善处理终止计划后的产品保修问题，员工遣散，合同义务，其中包括所有资本和经营租赁、税收、对债权人的偿付等。"〔1〕随着由公司清算引发的各类经济、社会问题的日益突现，人民法院已经开始重视"利益平衡"在公司清算中的重要性。最高人民法院民二庭负责人在答记者问时提到，公司清算制度的目的在于"在公平、公正的秩序中寻求各方利益的平衡，通过清算程序有序地结束公司存续期间成立的各种法律关系，合理调整众多法律主体的利益，维护正常的经济秩序"〔2〕。

综上，公司司法清算的重要性无可置疑，其在我国也已经从单纯的理论研究发展到了相关司法解释的出台，走上了法治化的道路。然而从清算这一事物的特点来看，单纯的一部司法

---

〔1〕 Denis O'Connor, *Stop the Bleeding Financial Reporting Considerations of Liquidating a Business*, American Bankruptcy Institute, 2000.

〔2〕 "最高人民法院民二庭负责人就审理公司强制清算案件工作座谈会纪要答记者问"，载 http://www.court.gov.cn/spyw/mssp/201006/t20100630_6538.htm，最后访问日期：2010 年 9 月 2 日。

解释不可能完全解决目前存在的问题，构建和谐社会的总目标也要求在公司清算中应当考虑各方的利益平衡。由此，笔者认为有必要从利益平衡的视角对公司的司法清算进行系统的研究。

第二节 研究现状与文献综述

一、研究现状

由于我国长期以来缺乏有关公司非破产清算的明确且可操作的法律规定，公司的经营管理人员较为缺乏清算意识，法院、行政机关也少有实践，因此在该领域积累的实践经验或经典案例相对较少。加之公司清算在公司法中属于相对“冷门”的问题，因此相关理论研究成果相比公司法其他领域的研究成果较少。近些年来国内学者看到了公司清算的重要性，并进行了一些研究，研究主要立足于对现行《公司法》中相关规定的剖析和批判，重点集中在公司解散、清算公司的法律地位、公司清算组织的选择以及公司解散后，清算义务人不履行清算义务的法律责任方面。这其中较为系统的是刘敏博士的《公司解散清算法律制度研究》（中国人民大学2007年博士学位论文）。在立法层面，我国有关公司清算的国家立法较少，笔者只发现了一部由当时的对外贸易经济合作部制定的《外商投资企业清算办法》。地方层面，有一些地方制定了清算办法（条例），如上海市、北京市、长春市、深圳特区等。但这些地方性的清算办法（条例）主要是针对外商投资企业的清算，如上海、北京、长春等，而且这些文件中规定的清算一般都是由行政主管部门进行监督、管理，而非法院。

可见，在《公司法司法解释（二）》出台前，有关公司司法清算的立法几乎没有，系统的理论研究也较为鲜见。即使司法解释出台后，也并未引起学术界足够的重视，进行系统研究的学者不多。笔者看到的较为系统的研究是最高人民法院奚晓明主编的《最高人民法院关于公司法司法解释(一)、(二)理解与适用》（人民法院出版社 2008 年版）一书。但该书的落脚点是对司法解释的学理解释，对于司法解释不涉及的内容反映较少。

在利益平衡理论研究方面，外国起步较早。该理论的研究起步于经济学上的“利益相关者”理论。“利益相关者”概念最早由通用电气公司一位经理于 1929 年的就职演说中提出。此后的数十年，许多经济学家、法学家均在该理论上着力进行研究，以克拉克（J. M. Clark)、斯蒂格利茨（J. E. Stiglitz）等为代表的学者在该领域取得了不少成果。到了 20 世纪 80 年代初，以弗里曼（C. Freeman）为代表的经济学家从公司战略管理、企业伦理等理论出发，从企业治理结构的主体角度论述了“利益相关者”理论，取得了一系列成果，也使利益平衡逐渐成为主流观点。该理论引入中国后，有一些学者将其与自己原本的研究领域进行结合，加以研究。较早以利益平衡理论系统研究公司法问题并形成著作的是张民安博士，他的《公司法上的利益平衡》（北京大学出版社 2003 年版）主要从对股东、债权人、董事三大主体的法律地位和公司法保护方面进行研究。除此之外，还有胡晓静博士的《论公司治理中的利益平衡》（吉林大学

2007年博士学位论文）等。另外，有的学者在破产法领域也引入了利益平衡理论，并进行了研究，如杨忠孝博士的《企业破产程序中的利益平衡》（华东政法大学2005年博士学位论文）、丁文联博士的《论企业破产程序中的利益平衡》（对外经济贸易大学2005年博士学位论文）等。然而将利益平衡理论引入公司司法清算领域，并进行系统研究的，笔者至今尚未发现。

二、文献综述

（一）中文文献

在从法学角度阐释公司清算内在属性方面，笔者尚未发现有关论述。在公司的权利能力和行为能力方面，我国学者，如柳经纬、蒋学跃等均有一些论著。我国传统理论认为，公司的权利能力和行为能力持续时间相同、范围相同，公司的行为能力由公司的意思机关行使。其理论基础是"法人实在说"。但也有学者表示不同意见，认为应当借鉴德国法的传统，明确公司只有权利能力，没有行为能力。其理论基础在于"法人拟制说"。这两种理论观点均有不少拥趸，也有不同的国家在立法上分别以这两种理论为立法基础。如前者以《瑞士民法典》为代表，后者以《德国民法典》为代表。

在公司司法清算公共政策目标研究方面，由于目前对于公共政策的研究已经形成一个较为成熟的学科，因此相关研究成果也较丰富。国内比较系统全面的研究公共政策的论著有：陈庆云的《公共政策分析》（中国经济出版社1996年版）、陈振明的《政策科学——公共政策分析导论》（中国人民大学出版社2003年版）等。由于公共政策学属于从外国引进的学科，因此我国也引进了不少外国的相关著作，如：戴维·H. 罗森布卢姆（David H. Rosenbloom）和罗伯特·S. 克拉夫丘克（Robert S. Kravchuk）合著，张成福译的《公共政治学：管理、政治和法律的途径》（中国人民大学出版社 2002 年版）；加布里埃尔·阿尔蒙德（Gabrial A. Almond）和小 G. 宾厄姆·鲍威尔（G. Bingham Powell Jr.）合著，曹沛霖等译的《比较政治学：体系、过程和政策》（东方出版社 2007 年版）等。前者从管理、政治和法律的角度描述、阐述和分析公共行政，给人们提供了一种深刻、全面理解公共行政的分析框架，内容涉及公共行政的概念、公共管理的职能、公共组织、公共人事管理、公共预算、公共政策分析、公共行政与民主宪政以及公共行政的未来等。后者对东西方和第三世界 24 个国家的政治体制、政治文化和政治决策的特点进行了分析和比较，试图在各种不同类型的国家中找出具有共同意义的可资比较的概念和标准，进而通过这些概念和标准，运用结构功能主义体系方法去分析评价一个国家的政治体系的实际运行过程，以及在各个层次上所发挥的功能作用。在公共政策目标的概念方面，虽然各自说法不同，但是从本质来看大同小异，一般认为：公共政策目标是指政策主体为解决政策问题所提出的要求和要达到的目的［刘家顺、王永清主编：《政策科学研究（第二卷）·政策研究方法》，人民出版社 2000 年版］。另外，还有一些学者将法学与公共政策相结合进行研究，取得了不少成果，如韩长印教授的博士学位论文《企业破产立法的公共政策构成》等。

在公司僵局和公司解散方面，赵旭东教授、最高人民法院金剑峰等法官均对公司僵局的含义作了论述。虽然在具体论述上有所不同，但是主要精神基本一致，均强调股东间或公司管理人员之间的利益冲突或矛盾导致公司的有效运行失灵，原有的公司治理机制无法发挥作用，公司的经营事务处于瘫痪状态等。在奚晓明主编的《最高人民法院关于公司法司法解释（一）、（二）理解与适用》一书中金剑峰法官从对法条的学理解释的角度，对公司僵局和解散的相互关系进行了较为系统的论述。该书认为，公司僵局包括：股东（大）会僵局和董事会僵局。无论是何种僵局，必须要达到公司“经营管理出现严重困难”的程度才能够向法院提起司法解散之诉。张民安博士在《公司法上的利益平衡》（北京大学出版社 2003 年版）一书中，将公司解散定位为公司结束其生命和消灭其人格的一种法律程序。学者李泫永、官欣荣在《公司僵局与司法救济》（《法学》2004 年第 4 期）一文中提出了我国公司僵局形成的三个原因：有限公司的闭锁性、公司法定资本制和资本不变制导致股东退出难以及法律没有赋予公司股东解散公司的诉权。当然，第三点已经在修订后的《公司法》中得到了体现。另外，在公司解散的种类上，该文将其分为自愿性解散、强制性解散、行政性解散和司法性强制解散四类。

在有关公司在清算阶段的法律地位方面，如前所述，我国在《民法通则》及其司法解释中的表述容易使人认为公司解散等同于法人消灭。而早在 20 世纪七八十年代我国台湾学者张国键就在《商法概论》中提出，公司解散是公司营业能力的丧失，而非人格的消灭。此后，江平教授提出了公司解散不是法人人格消灭，而是法人人格消灭的原因。学者王欣新、孙晓敏在《论公司清算制度之立法完善》（中国民商法律网）一文中对公司在清算阶段的法律地位的各种理论作了梳理后指出，我国历史上存在着三种学说：第一种认为公司营业执照吊销即宣告公司消灭；第二种认为公司虽然被吊销营业执照或者解散，但是没有办理注销手续，因此在清算阶段仍然与原公司为同一法人；第三种为我国最高人民法院曾经将清算中的公司称为“清算法人”。该文认为，公司在清算阶段应当明确其与吊销执照或解散前的公司为同一法人。学者毛德龙在《论解散后未经清算的企业法人诉讼主体地位的架构》（中国私法网）一文中也对该问题进行了较为详细的论述，并从国内外立法比较的角度对上述三种理论进行了研究，提出我国立法应当坚持公司在清算前后为同一法人的理论。关于公司在清算阶段的法律地位这一问题，总体来看，坚持同一法人说的占绝大多数。《公司法司法解释（二）》也认可了该理论。

在有关清算组织（人）制度的设计方面，一些学者有较为详细的论述。如有学者认为我国应当实行法定清算人制度，但也有学者认为应当实行法定和选任结合的制度。韩长印教授和楼孝海在《建立公司法定清算人制度》（《法学》2005 年第 8 期）一文中认为，我国应当建立法定清算人制度。该文总结了大陆法系一般采用的三种清算人确定机制：法定清算人、公司选任清算人以及法院选派三种方式，在分析三种方式的利弊的基础上，认为我国公司法仅规定了股东选任和法院选派两种方式，这使得在实践中产生了一定的混乱。因此应当确立法定清算人制度。并认为董事应当是法定清算人的人选。学者柴云亮在《对我国公司清算制度的法律思考》（《山东审判》2006 年第 2 期）一文中提出了完善我国公司清算人制度的构想，主要包括：①统一我国的清算机构名称，统一用“清算人”；②明确清算机构的法律地位，相当于公司解散前的董事会；③具体规定清算人的任职资格和解任制度。清算组成员应有消极资格限制且个人利益不能与清算组维护的各种利益发生冲突。对于清算人的解任可以有两种形式：对自愿清算的人可以采用股东会解任；清算人不履行法定义务，利益相关人可以申请法院解任。《公司法司法解释（二）》的相关条款采取了公司“内部人”（股东、董事、监事、高级管理人员）加专业人员（律师、会计师）的方式组成清算组，主要考虑到公司“内部人”对公司情况熟悉，而专业人员又具有专业知识和相对中立的地位。因此，我国立法采取的是法定清算人与法院选任相结合的形式。

在清算义务人不作为的法律责任方面，我国学界和行政、司法界关注的相对较多：

首先是“清算义务人”的名称和范围问题。立法层面，1999年国家工商行政管理局出台了《关于如何确定被吊销企业清算责任人问题的答复》。该文件的标题使用了“清算责任人”的称谓，该文规定了“被吊销公司的债权债务，由公司股东组织清算”。2000年1月，最高人民法院经济庭庭务会议在针对企业歇业、被撤销或被吊销营业执照后如何确定诉讼当事人的问题进行讨论时，根据当时《公司法》第191条的规定，认为有限责任公司的“清算主体”为全体股东，由股东大会确定人选。2002年，最高人民法院起草的《关于审理解散的企业法人所涉民事纠纷案件具体适用法律若干问题的规定（征求意见稿）》正式确定了“清算义务人”这一名称。《公司法司法解释（二）》明确了“清算义务人”的范围是：有限责任公司的股东，股份有限公司的董事、控股股东。

从学术研究层面来看，学术界一直对清算责任的承担人进行研究，比较典型的是“股东说”、“董事说”和“混合说”。“股东说”认为，承担清算义务的应当是公司股东，如张向东的《公司清算制度的比较研究与制度设计》(《理论探索》2005年第2期)。“董事说”认为，股东担任清算义务人欠缺必要的理论基础，因为股东只有出资的义务，而且只有“积极股东”才有滥用权利的资格。因此，应该通过法律明确清算义务人为公司董事(韩长印、楼孝海：“建立公司法定清算人制度”，载《法学》2005年第8期，《日本商法典》第417条和我国台湾地区“公司法”也作此规定)。“混合说”则是目前立法明确的有限责任公司的股东，股份有限公司的董事、控股股东为清算义务人。

其次是法律责任的属性。不少学者都注意到清算义务人不履行清算义务，应当承担法律责任，然而又都语焉不详，无法明确到底承担什么责任。如有的学者将清算中的违法行为进行了梳理，但是未对承担的责任属性进行明确。也有的学者对公司被吊销执照不进行清算现象进行了法经济学的研究，如周建裕的《对公司被吊销执照不进行清算现象的法经济学分析及对策》(《社科纵横》2006年第3期)，该文认为，之所以出现大量的公司被吊销执照后不清算的问题，是因为从经济上看，公司倒闭后不清算的成本最低。因此，为了防范这种情况的出现，应当采取各种手段，其中就应当设定法律责任，提高成本。然而该文中的责任多为行政责任，比如不得担任公司、合伙企业的董事、合伙人，降低个人信用，科以罚款等。学者孔明在对清算义务人恶意不清算的行为进行讨论后认为，该行为属于一种“准犯罪”行为，并从犯罪客体、客观方面、主体和主观方面进行了研究（“从恶意不清算行为看公司清算制度的完善”，载《中国工商管理研究》2007 年第 4 期）。前述的奚晓明、金剑锋法官从解释法条的角度对这一法律责任进行了较为全面的分析。他们在《最高人民法院关于公司法司法解释（一）、（二）理解与适用》一书中认为，公司清算义务人不作为，其法律责任应当包括两种：清算责任和清算赔偿责任。清算责任是指清算义务人在公司解散后应当承担的强制清算的责任。在现实情况下，这一责任往往由司法机关承担，也就是进行司法清算。清算赔偿责任则是清算义务人不履行清算义务而对债权人等利害关系人承担的赔偿责任。

最后是追究法律责任的法理基础。清算义务人不履行清算义务而承担清算赔偿责任的法理基础，在当前理论界有三种不同的理解：公司法人人格否认理论、合同附随义务理论以及一般侵权责任理论。不少学者都认为，公司解散后清算义务人不履行清算义务，属于滥用公司法人人格的行为，因此应当适用公司法人人格否认法理追究清算义务人的损害赔偿责任。持此意见的除了前述张向东法官、金剑锋法官外，还包括最高人民法院的张勇健法官等。持合同附随义务理论的学者有韩长印、楼孝海（“建立公司法定清算人制度”，载《法学》2005 年第 8 期）等，学者张民安也对该观点表示认同（《公司法上的利益平衡》，北京大学出版社 2003 年版）。这些学者主要基于企业契约理论和合同附随义务理论，认为公司与董事之间是委任合同关系，而公司解散是合同的终止，原董事则应当依照诚实信用的原则，依法履行合同附随义务，即清算义务。一般侵权理论则认为，公司清算义务人不履行清算义务，导致债权人及其他利益相关人的利益受到损失，应当承担侵权责任，尤其是侵害了债权。持这种观点的学者和法官较多，较为有代表性的是最高人民法院副院长李国光，其在2001年11月全国民商事审判工作会议上的讲话中就指出，公司解散后在人民法院规定的期限内不尽清算责任，造成企业财产毁损、灭失、贬值，甚至私分企业财产，致使债权人的债权受到实际损失的，应承担侵权赔偿责任（“认清形势，提高认识，努力实践公正与效率世纪主题，开拓民商事审判工作新局面”，载《民事审判指导与参考》2002年第1卷，人民法院出版社2002年版）。另外，比如柴云亮、甘培忠等学者也坚持了上述观点。

司法权力介入公司清算问题。在此问题上，总的来说，学界和立法界均不否认司法权力能够介入公司清算。但是从介入的程度来看，有两种不同的理论：第一种理论强调司法权力应当积极地介入公司清算中去。如前述的柴云亮法官认为，要发挥法院在特别清算中的重要作用，在启动清算的决定权、对公司清算人的选任权和解任权、采取保全措施等六个方面全面实施对公司清算的监督，从而保证公平和效率。但也有学者认为，司法权力的介入有其限度。其中比较有代表性的是吴英姿教授的《司法的限度：在司法能动与司法克服之间》（《法学研究》2009年第5期）和尼尔·K. 考默萨（Neil K. Komesar）著，申卫星、王琦译的《法律的限度——法治、权利的供给与需求》（商务印书馆2007年版）。前者从司法权力的有限性出发，从几个方面论述了司法权力的作用范围的限度。后者基于对司法、政府、市场三者的比较和司法权力的特征，论述了司法在某些场合下不应当过多地介入私法自治的领域，一方面因为司法权力能动员的资源的有限性，另一方面是因为涉及的利益交叉太多，事件过于复杂。

在司法清算中的具体程序方面，有关理论的研究较少，有一些著作以实务操作或司法解释的注解为主要内容。如苏小勇的《公司清算法律实务》（法律出版社 2007 年版），以公司清算的程序为脉络，分别阐述了破产清算和非破产清算的基本程序。而前述《最高人民法院关于公司法司法解释（一）（二）理解与适用》一书从司法解释的学理解释角度对公司司法清算的具体程序进行了详尽的分析。除此之外，还有一些学者对司法清算中的一些具体问题，如清算的启动、清算中债权人的地位等问题作了一些研究。

在利益平衡理论研究方面，自“利益相关者”概念提出后，彭罗斯（Penrose）在 1959 年出版的《企业成长理论》中提出了“企业是人力资产和人际关系的集合”的观点，从而为利益相关者理论的构建奠定了基石。直到 1963 年，斯坦福大学研究所才明确地提出了“利益相关者”的定义：“利益相关者是这样一些团体，没有其支持，组织就不可能生存。”从内容上看，这个“定义”只考虑到利益相关者对企业的影响，并且影响的范围仅限于企业生存的一小部分。但是，它让人们认识到，除了股东以外，企业周围还存在其他的一些影响其生存的群体。随后，埃里克·瑞安曼（Eric Rhenman）提出了比较全面的定义：“利益相关者依靠企业来实现其个人目标，而企业也依靠他们来维持生存。”这一定义使得利益相关者理论成为一个独立的理论分支。此后的30年间，对利益相关者的定义达三十多种，学者们从不同的角度对利益相关者进行定义。其中，以弗里曼（Freeman）的观点最具代表性，他在《战略管理：一种利益相关者的方法》一书中提出："利益相关者是能够影响一个组织目标的实现，或者受到一个组织实现其目标过程影响的所有个体和群体。"弗里曼的定义大大丰富了利益相关者的内容，使其更加完善。但他界定的是广义上的"利益相关者"，笼统地将所有利益相关者放在同一层面进行整体研究，给后来的实证研究和实践操作带来了很大的局限性。后续的一些经济学者对"利益相关者"进行了进一步的研究，并提出了自己的定义。如克拉克森（Clarkson）认为："利益相关者以及在企业中投入了一些实物资本、人力资本、财务资本或一些有价值的东西，并由此而承担了某些形式的风险；或者说，他们因企业活动而承受风险。"克拉克森的定义引入了专用性投资的概念，使利益相关者的定义更加具体。著名经济学家斯蒂格利茨在对传统委托代理理论进行深入研究后总结出，企业的目标函数不只是股东利益最大化，应该照顾所有"利益相关者"的利益，利益相关者应该分享企业剩余索取权和控制权（相关理论前文已述）。该理论的优点在于突破了一对一的委托代理模式，委托代理的模式不仅有一对一，而且可以是多对一，甚至多对多。另外，该理论又为代理人参与剩余的分配提供了理论基础，为企业所有制改革、企业核心员工入股、提高员工积极性等提供了理论上的指导。国内学者综合了上述的几种观点，认为"利益相关者是指那些在企业的生产活动中进行了一定的专用性投资，并承担了一定风险的个体和群体，其活动能够影响或者改变企业的目标，或者受到企业实现其目标过程的影响”。这一定义既强调了投资的专用性，又将企业与利益相关者的相互影响包括进来，应该说是比较全面和具有代表性的。

在域外立法方面，世界上主要市场经济国家和地区都制定了公司法，并且都在公司非破产清算方面有明确的法律规定，如《美国统一有限责任公司法》、《英国公司法》、《日本公司法》、《韩国公司法》、《德国民法典》、《德国有限责任公司法》、《法国商法典》以及我国台湾地区“民法典”、《澳门商法典》和《香港公司条例》等。

（二）外文文献

在外文文献方面，较为权威且系统地论述公司清算的著作是安德鲁·凯伊（Andrew Keay）所著的《公司清算法》（*The Law of Company Liquidation*，1999）。该书系统地论述了澳大利亚公司清算法律体系，包括破产清算和非破产清算。另外，美国著名的法学家罗伯特·W. 汉密尔顿（Robert W. Hamilton）的《公司法》（*The Law of Corporations*，1999）中有专门的章节论述公司的清算问题。该书主要以美国公司法为基础，阐述了美国公司法上的公司僵局、解散、清算和注销等问题的基本概念和程序。以上两本著作都对公司法的立法和研究产生过重要的影响。

在公司清算的具体内容方面，卡伦·休斯顿（Karen Houston）的《非法交易结果分享协议无效》（*Agreement to Share Fruits of Wrongful Trading Claim Void*，1997）和安德鲁·凯伊的《清算人的监督与控制》（*Supervision and Control of Liquidators*，2000）均对清算人的任免和职能进行了较为深入的研究。前者认为，由于清算人在公司清算中的巨大权利，必须赋予债权人相对等的权利，以对抗清算人，即应当赋予债权人以集体的名义对清算人的行为进行复核和提出意见的权利。后者则认为，法院应当在限制清算人权利、保护债权人合法权益的方面多发挥作用，以体现法律的公正性。帕特里克·博克（Patrick Bourke）的《法院何时更换清算人》(*When Will the Court Remove a Liquidator from Office*, 2003）则通过对AMP公司诉霍夫曼时代（AMP Enterprises Ltd. v. Hoffman Times）一案的分析，进一步论述了法院更换清算人时所衡量的标准。法院更换清算人，必须考虑现清算人是否已经无法胜任工作且在未来也无法改进，而这种不能胜任工作的最主要的方面就是对不同债权人的偏向，即对某些债权人有歧视性行为。另外，还有一些论文关注清算人制度的自身发展，如戴维·普莱斯（David Peress）的《清算人在重塑交易中的角色演变》（*The Evolution of the Liquidator's Role in Restructuring Transactions*, 2003)。该文站在清算人利益的角度，系统地论述了清算人在为企业发掘价值的同时，也在为自身收入的提高而努力，并开发出了很多新的清算模式。

近些年来，也有一些学者基于对某一个清算案例的分析，提出了不少见解。如斯图尔特·品宁顿（Stuart Pinnington）的《BVI公司的清算》（*Winding Up a British Virgin Islands Company*, 2007)，其着重论述了公司清算的准备、公司清算人的任命、公司自愿清算和公司特别清算相比的优势，得出了公司股东（董事）应当在公司歇业或解散后积极地进行清算的结论。

综合有关文献来看，国外主要发达国家对于公司的清算有一套完备的法律机制，而且英美法国家对于公司清算法律制度的研究已经借鉴了当代西方经济学和管理学的新的经验和理论。而我国对于公司清算，尤其是司法清算的研究还有不少欠缺，尚有不少地方存在争议，更有一些方面存在着理论空白，立法也不够完备，主要表现为层次较低、可操作性也值得商榷等。

第三节　研究思路与方法

本书的研究思路是：以“法人拟制说”、“企业契约”理论和“利益平衡”理论为理论基础，从公司司法清算的公共政策目标、公司治理的特点和司法介入公司清算的维度，以及公司司法清算的具体制度三个方面对我国公司司法清算的利益平衡问题进行探讨，旨在通过上述研究，论证在我国公司司法清算立法中，应当坚持“公平优先，兼顾效率”的价值取向，建立以利益平衡为导向的公司司法清算制度，实现防止出现社会动荡、保障社会公平底线、高效地对资源再利用的政策目标。

本书的研究方法以文本研究为主，兼有实证研究。文本研究主要包括对现有的著作及文章进行梳理、分析，将各类问题的观点和方法进行总结，并结合自身的研究，主要使用演绎和归纳的方法形成、提炼自己的观点，并加以论证。文本研究的主要意义在于：其一，可以通过对前人已经形成的成果的分析，建立关于公司司法清算以及利益平衡等理论的知识体系；其二，可以明确前人在公司司法清算和利益平衡方面的研究现状和研究水平，以便开始自己的研究；其三，可以发现前人研究的一些弱点和问题，并进行修正和补强，从而形成自己的理论创新点。本书除采用历史分析、比较研究、法律条文解释等通常的法学研究方法外，还运用了经济分析方法。

本书采用实证研究的目的是通过对一些个案和数据的研究，就目前我国公司清算的现状给人以直观的感受，并通过人民法院对于非破产清算案件（包括因公司僵局而解散案件）的态度和思路，研究法院对于该类案件的介入程度和范围，以及对各方利益平衡时的考量，并期望从中归纳出一些规律性的结论。

第四节　主要内容与结构

本书按照“理论铺垫—提出目标—制度设计”的思路进行编排。导论部分对本书的选题背景和意义进行了论证，并对与本书主要内容有关的国内外主要观点进行了综述，进而确立本书的主要研究思路和方法。

第一章主要探讨了公司司法清算制度的法理基础，讨论公司清算内涵的民法学和公司法学解释；利益平衡理论的主要内容和公司清算中的主要利益主体及利益冲突。在此基础上，结合我国的传统和国情提出公司司法清算的公共政策目标。

第二章主要探讨了在公司治理视野下司法权力对于公司清算的干预。本章在探讨公司治理的特征、基本模式的基础上，着重从公司清算是否“可诉”、解决非对立型纠纷时主观能动性的发挥、司法机关自身能力的局限性和司法机构与当事人的互动四个维度探讨了司法权力对公司清算的干预。

第三章主要从公司司法解散、公司司法清算提起事由的扩张和司法清算提起人范围的扩大三个方面讨论了公司司法清算的启动机制和利益平衡的作用，并且结合具体案例的研究，探讨了立法精神在实际案件处理中的贯彻情况。针对现实当中大量出现的公司解散后不清算的情况，本章分析了该情况下的法律责任，并提出了解决该问题的法律手段。

第四章主要讨论了公司司法清算的开展以及结论的确认。公司司法清算的开展主要包含对清算组的法律分析以及清算过程中一些具体制度的分析，着重对清算组的法律地位、司法清算开展过程中的一些具体的制度（如协定债务清偿等）进行探讨，并提出相应的建议。公司清算的结论确认部分主要对清算方案的制订和确认过程进行了分析，并且对公司注销后未清偿债权的处理方式进行研究，提出解决的方案。

第一章 公司司法清算利益平衡的法理基础

第一节 对公司清算内涵的解释——民法和公司法视角

公司的清算从其内容来看，主要包括以下几个方面：①清理公司债权、债务。这其中隐含着的内容是对公司尚未履行完毕的债权、债务关系进行梳理，并集中清偿，包括公司向债权人清偿债务和向债务人要求行使债权，这种清偿债务和行使债权不以债权或债务是否到期为条件，因而是一种提前的一致性行动。②向股东分配剩余财产。当然这种分配是在有剩余财产的前提下进行的。③在上述前提下，终结公司的法律关系。在现实条件下，这种“终结”往往不是实际上的终结，而可能是一种基于承诺的“终结”（这一点将在后续的内容中加以详细分析）。

长期以来，我国理论和立法都忽视公司清算这一内容，这使得对于公司清算的内涵一直缺乏系统的研究。本节试图从民法学和公司法学视角对公司清算的内涵进行解释。不可否认的是，对于社会科学的研究对象的解释，本身就是多视角的。社会科学的理论工具本身就是针对某些社会现象和问题而创立的，这一点在经济学和管理学以及法学上表现得尤为突出。比如“凯恩斯主义”就是为了解决资本主义在20世纪二三十年代的大萧条中，自由放任理论无力解决的一系列问题而产生的，而随着战后资本主义社会“滞胀”的出现，“凯恩斯主义”显得无能为力，此时新古典主义、新制度经济学等又应运而生。也就是说，任何社会科学的理论其实都有其适用的前提和条件。从另一个侧面来说，借用罗培新教授的一句话，“在社会科学领域，所有对事物的解说都是片面的，这也正构成了社会科学繁衍和延续的合理基础”[1]。所以就本书而言，公司清算的内涵显然还可以从其他角度诠释，从民法学和公司法学的视角只表明了研究的方法和角度，绝不代表就是全部的研究方法和结论。从上述两个视角进行解析，也难免存在片面性的缺陷。而且即使是从民法和公司法的视角，也可能存在不同的理论工具，尤其是公司法。加上分析方法本身的局限性以及解释学所固有的在方法论上的缺憾（如不周延性），因此接下来的研究只是所有对公司清算内涵解释研究的很小的一部分。

一、民法视角

虽然有学者试图从商法的起源、商事法律关系的理论结构、

〔1〕 罗培新：《公司法的合同解释》，北京大学出版社2004年版，第5页。

商法的法律制度构成等方面论证商法对于民法的相对独立性[1]，但是民法原则对于商法的基础性作用是无法否认或者忽略的。[2]而且，不管是否认可民法与商法的“父子关系”，有一点必须承认，即民法和商法都是市场经济的基础法，它们产生发展的土壤就是市场经济体制。两部法律的身体里流淌的都是市场经济的血液，同属于私法范畴。公司作为最主要的商事主体，与自然人一样，同时又是最重要的民事主体，在市场经济中发挥着重要的作用，是权利义务最重要的承担者之一。因此公司重要的商事行为都具有很强的民法特征，甚至可以说，商事行为首先是一种民事行为。从民法层面讨论公司清算的内涵具有基础意义。

从民法视角讨论公司清算的内涵，须从民法中的“法人”概念着手。清算既是一种处理企业财产的行为，也是法人资格消灭的法定程序之一。讨论公司清算在民法层面的内涵问题，可以将对法人的探讨取代对公司的探讨。因为这样做一方面符合目前关于法人和公司同质的通说，另一方面讨论法人可以从权利能力、行为能力等最基本的民法层面进行，可以更加丰富讨论的方法和视角。

公司清算的民法内涵，研究的逻辑起点应当是法人的本质。众所周知的是，法人的实质问题历来有两种理论——法人实在说与法人拟制说。法人实在说认为，法人本身是一个具有权利能力和行为能力的“现实的整体人”（Reale Geamtperson），其行为不需要机构进行代表，而是通过其机构，自身所欲和所为

〔1〕 王璟：《商法特性论》，知识产权出版社2007年版，第25～53页。

〔2〕 王璟：《商法特性论》，知识产权出版社2007年版，第25～53页。

可以自己进行。[1] 法人拟制说认为，法人是人为创造的组织，虽然是一种具有财产能力的权利主体，但作为纯粹的拟制物，本身既没有意思能力，也没有行为能力，必须由任命或者选举的自然人来代表。[2] 这两者的分歧在于前者采用了类比的方式，将法人完全与自然人类比，承认它的权利能力与行为能力，法人的机关不能独立于法人，却是法人的组成部分。后者则不承认法人具有与自然人一样的行为能力，因为法人不具有思维能力和意思能力，为了使拟制的人能够行使民事权利、承担民事义务、参加社会活动，必须从外部引入具体的自然人“代理”其从事民事活动，而法律的拟制的人只是具有“工具价值”，同时法律强制将后果归属于这个拟制的人。坚持前者理论的主要有《瑞士民法典》和我国当前的民法理论通说。而坚持后者的有《德国民法典》以及法国、意大利、奥地利等国家的民法理论通说。[3] 同时英美法通说也是如此。[4] 从上述分野可以看出，所谓法人实在说与法人拟制说的核心冲突在于是否承认法人的行为能力。承认法人有行为能力，则等于承认法人实在说，同时就否认了法人机关的代理性质；否认法人有行为能力，则就承认了法人拟制说，同时承认法人机关的代理性质。在上述两个理论中，笔者认为后者更加符合法人制度的本质和法人制

〔1〕［德］福尔可·博伊庭：“德国公司法上的代表理论”，邵建东译，载《民商法论丛》，法律出版社2000年版，第532页。

〔2〕［德］福尔可·博伊庭：“德国公司法上的代表理论”，邵建东译，载梁慧星主编：《民商法论丛》（第13卷），法律出版社2000年版，第544页。

〔3〕［德］福尔可·博伊庭：“德国公司法上的代表理论”，邵建东译，载梁慧星主编：《民商法论丛》（第13卷），法律出版社2000年版，第553页。

〔4〕（台）黄立：《民法总则》，三民书局1994年版，第137页。

度在整个社会经济生活中的现实作用。主要理由如下：

（一）“实在说”在方法论上存在先天不足

“法人实在说”创立的重要方法论基础是类比法，即将法人和自然人进行类比，由此导出自然人所具有的“权利能力”和“行为能力”，法人应当全部具有。且不论这种类比是否有“穿凿”之嫌，仅就民法的功能和目的来说，就是不合的。民法作为市民社会和商品经济的基本法，其应当是市民社会和商品经济价值的体现，这种简单的类比后得出的结论并不能够真正体现法人在市民社会中繁荣市场交易、维持交易秩序稳定方面的功能。因此将法人类比成自然人相比拟制说，将面临更多的质疑，而且“实在说”除了能够在体系上与自然人匹配，求得一个完满之外，几乎不能给实践提供更多的指导和解释。“法律应该追求的是社会价值的实现，而不是机械的类比技术。”〔1〕我国台湾也有学者指出：“对于法人而言，所谓‘人’只具有法律技术上及形式上的意义，乃类推自然人的权利能力，而赋予人格。”〔2〕对于自然人来说，其毕竟有个从弱小到强壮，从无知到开化的过程，也就是意思能力培育的过程，因此设计一个“行为能力”的概念是有意义的。这样可以在自然人尚不具有意思能力的时候确定代理人（监护人）代理其享受权利、履行义务。可以说，行为能力先天就是与权利能力分开的，如果二者重合，则前者就失去了存在的意义。但是按照“实在说”，法人存在这样的问题，即法人的权利能力和行为能力完全重合，这

---

〔1〕 龙卫球：《民法总论》，中国法制出版社 2002 年版，第 372 页。

〔2〕（台）王泽鉴：《民法总则》，中国政法大学出版社 2001 年版，第 162 页。

使得意志的有无与行为能力的存在与否没有必然的联系。这样我们就不得不怀疑行为能力这样一个概念是否有必要强加在法人身上，而其存在的价值似乎仅仅是求得一个和自然人保持一致的结果。正如有的学者所说，法人是否需要有行为能力，本身就是一个立法的价值选择问题，而不是一个事实判断问题。[1]因此，学者在研究法人的本质问题时，大可不必牵强附会地对照自然人，一定要给法人一个行为能力的说法。

（二）“实在说”在理论上面临与人格的价值和目的相冲突的问题

众所周知，自然人人格既具有工具属性，又具有伦理属性。根据罗马法，自然人只有享有自由权、市民权和家族权后才享有完整人格。在古罗马人看来，不完全享有上述三个权利的人，便不享有完整人格。可见，从这个角度上说，自然人人格概念自产生之日起，就具有检验人的身份的工具价值。[2]然而，除了工具价值之外，“人格”也为人们提供了人的明确的标志，享有自然人的全部权利资格成了被压迫者奋斗的最高目标，成为人的解放的最终尺度。[3]由此，“人格”一词，又被赋予了强烈的伦理价值，成为表征“人”的根本尺度。相比之下，人们虽然确立“法人”制度，却只有工具意义，只是人们实现特定目的和价值的手段，没有人会真的把法人当成自然人看待。而

---

〔1〕 蒋学跃：“法人行为能力问题探讨”，载《甘肃政法学院学报》2007 年第 4 期，第 144 页。

〔2〕 “caput” 在英文中被译为 “personality”，日本学者译为 “人格”。这个 “格” 字本身就具有 “资格”、“标准” 的意思。

〔3〕 李锡鹤：《民法哲学论稿》，复旦大学出版社 2000 年版，第 13 页。

“实在说”强调的法人实在，也无法在人们心目中建立起真正的认同感。“法人”终究无法承载只能由自然人才能承载的“人”的伦理价值。相比之下，“拟制说”则更加贴近实际，更加符合人们的直观感觉，从而更易为人们接受。

（三）“实在说”在现实中也面临一些困境

首先，各国立法对该学说的挑战。很多国家立法都不承认“实在说”，甚至包括该学说的创始人基尔克（O. F. Von Gierke）的祖国：德国。这说明，该学说并未被世界法学界普遍承认。而上述不承认该学说而承认“拟制说”的国家的公司制度运行并未出现什么大的问题，相反引领了世界公司制度的发展与变革。而那些主张法人实在的学者们自己也承认，在承认法人具有行为能力时，无法解释为何法人自己进行行为时，同时机构却也为其进行行为的矛盾现象。[1]其次，在实践中，最难区分的便是作为法人机关的公司董事、监事、经理等人员的自身行为与法人行为。对于“拟制说”来说，这一问题可以解释，因为既然是拟制人，则承认其不具有自然人的灵魂与意志，需要由自然人代理，这样就容易发生自然人自己的意志与拟制人的意志的分离。但是如果按照“实在说”，法人机关的意志统统归于法人意志，这就造成了两者无法区分的困境。

综上，“拟制说”较之“实在说”更加符合人类的直觉和理性，更加能够在理论上达到自洽，也更能够解释和指导实践，因此应当加以采纳，而由此引申出的“代理说”也应当成为法

---

〔1〕［德］福尔可·博伊庭：“德国公司法中的代表理论”，邵建东译，载梁慧星主编：《民商法论丛》（第13卷），法律出版社2000年版，第544页。

人机关与法人关系（公司机关与公司关系）的合理解释。在这里必须说明的是，这里的“代理”同样不能简单机械地类比成自然人的代理。法学理论工作者是在使用自然人的代理理论的原理和精髓解释现象，构造一个能够推动法人（公司）在市场中正常活动的理论工具。

在公司与其机关的“代理关系”成立的基础上，接下来进一步讨论公司清算的内涵。按照“拟制说”和代理理论，公司在清算之前，其“代理人”是公司的董事会、监事会以及经理层。而一旦进入清算程序后，按照法律规定，由新的一批人员——清算组取代了原有的代理人，清算组中可能包括原公司董事和法院指定或股东选定的人员（主要是律师、注册会计师等中介机构人员）。正是这批人员，在整个清算过程中实际管理着公司，而原有的管理层已经实际无法行使职能，也不能对外作为公司的代理人。笔者将这种模式归纳为：法定变更代理。“法定变更代理”有以下几个特点：

1. 变更代理的事由法定

清算组之所以能够取代原有的董事会、监事会和经理而成为公司的代理人，是因为在出现法定事由——公司解散时，应当终止公司的日常业务经营，进入到清算状态。

2. 变更代理的启动形式包括意思自治和法律强制

法律在进行这一规定的时候，采取了授权性规定加强制性规定相结合的方式。在公司股东愿意自行清算时，可以由股东自行清算。如果发生一些特殊情况，如公司僵局、大股东逃逸等情形，可以采取司法清算措施。由此，从变更代理的启动的角度来看，可以是股东自愿变更，也可以是法律强制变更。

3. 变更的内容：代理人主体和代理内容的变更

对于自愿清算来说，存在两种可能，即股东可能仍然选择原有的代理人进行清算，也有可能重新选择其他人员进行清算。对于司法清算来说，代理人主体肯定发生变更。从代理的内容来看，无论是自愿清算还是司法清算，原有的业务经营变更为清偿债务、回收债权、了结公司法律关系等清算事务。

4. 变更的目的：了结债权、债务，使公司平稳退出市场

在公司正常经营期间，代理的目的是解决投资人（股东）对公司经营缺乏专业化知识的问题，通过代理更好地实现公司的运营，为股东和其他利益相关人谋利。而清算期间代理的目的是了结公司债权、债务，使公司平稳退出市场。

在强调公司代理人变更的同时，有一点需要明确，即虽然法律规定代理人变更为清算组（人），但是其只在公司清算中承担了相当于原董事会的职责，并非公司唯一的控制人。对于股东自愿清算来说，如果股东自己承担了清算人的职责，此时股东与清算组（人）重合。如果股东委托了他人作为清算人，则股东作为委托人，仍然是公司的控制人。如果股东不履行清算义务，则由法院组织清算，法院、清算组等取代原股东会、董事会的地位，对公司进行控制。

二、公司法视角

公司法视角应当完全建立在“公司”这一事物上，以公司本质、行为和公司特有的现象为研究基础。

（一）公司本质的经济学解释

公司的本质问题历来就是经济学家和法学家研究的重要论

题之一，虽然在这一问题上学者们仁智互见、众说纷纭，但是有一点可以肯定的是，“企业契约”理论（又称“公司合同理论”）在目前仍然是一种接受度颇高的理论。美国1992年《公司治理原理：分析与建议》的主报告人艾森伯格（Eisenberg）教授在其一篇文章中称企业契约理论“统治着公司法的法经济学文献”。[1]

本书之所以采取“企业契约”理论作为解释公司清算内涵的理论工具，除了其接受度比较高以外，还主要基于以下几个理由：

第一，“企业契约”理论是现代企业制度的最主要理论依据之一。该理论分化出的激励理论（incentive theory）、不完全契约理论（incomplete contract theory）和新制度交易成本理论（the new institutional transaction costs theory）都是分析公司（法人）制度的重要理论手段，也是许多国家制定、修订公司法的重要依据。如20世纪80年代美国29个州修改公司法，其主要是在法律上明确了公司对利益相关者的责任和义务。[2] 这一重要修改的理论依据是斯蒂格利茨提出的“多重代理理论”，即“利益相关者理论”。而众所周知的是，斯蒂格利茨是“企业契约”理论的重要代表人物之一，他的上述理论正是在“企业契约”理论的一系列基本理论判断和研究成果的基础上加以深入研究后得出的。公司清算作为公司活动的重要组成部分，也是现代企

〔1〕 Melvin A. Eisenberg, “The Conception that the Corporation Is a Nexus of Contracts, and the Dual Nature of the Firm”, 24 *Journal of Corporation Law* 1999, p. 819.

〔2〕 杨瑞龙、周业安：“一个关于企业所有权安排的规范性分析框架及其理论含义——兼评张维迎、周其仁及崔之元的一些观点”，载《经济研究》1997年第1期，第12页。

业制度的重要方面，以“企业契约”理论作为理论工具研究公司清算的内涵，既在理论上契合了当今经济学中有关企业理论（现代企业制度和理论）的主流，也顺应了目前世界上主要国家的公司法立法潮流。

第二，“企业契约”理论是研究公司治理的重要理论工具。该理论认为企业的治理结构本质上就是一个关于企业所有权安排的契约。〔1〕而本书作为一部研究公司清算的著作，从广义上说，也属于公司治理的范畴（这一点下文将详述），这正是“企业契约”理论的主要研究方向。因此，以“企业契约”理论从公司治理层面讨论公司清算问题是合适的。

第三，本书是一部着重于制度构建的法学著作。在经济学中，新制度经济学是与法学研究对象相近的学科分支，都以制度为研究对象。“企业契约”理论作为产权学派的重要理论正是新制度经济学的重要支流。所谓新制度经济学，就是用主流经济学的方法分析制度的经济学。将“企业契约”理论作为分析公司清算的经济本质的方法和工具，具有较强的可行性，而且也易于找到共同点，从而更好地解释制度，并使得研究得出更加接近制度本质的结论。

“企业契约”理论奠基于 20 世纪 30 年代。彼时，科斯（Coase）在《企业的性质》（Nature of the Firm）一文中认为，企业和市场的本质都是契约。企业采取了将外部契约内部化的形式，以科层制替代了显性化的契约，从而减少了交易成本。

---

〔1〕 杨瑞龙、周业安：“一个关于企业所有权安排的规范性分析框架及其理论含义——兼评张维迎、周其仁及崔之元的一些观点”，载《经济研究》1997 年第 1 期，第 12 页。

因此这一生产组织形式被广泛地应用了。然而这一理论直到将近四十年后才慢慢被人们重视。20 世纪 70 年代，阿尔钦（Alchian）和德姆塞茨（Demsetz）、詹森（Jensen）和麦克林（Meckling）等通过“企业契约”理论，将公司的内部行为导入了新古典经济学视角。1972 年，阿尔钦和德姆塞茨在美国的《经济学评论》上发表的《生产、信息费用和经济组织》（Production, Information Costs, and Economic Organization）[1] 一文以及詹森、麦克林的《公司理论：管理行为，代理成本和所有权结构》（Theory of the Firm: Managerial Behavior, Agency Costs, and Ownership Structure）[2] 这两篇论文，使得“企业契约”理论进一步丰富，并且引领了该理论的两大支流——交易费用理论和委托代理理论。后来，对“企业契约”理论的研究甚至扩大到了整个经济学领域，形成了所谓的“契约经济学”。

“企业契约”理论的前提是：财产所有权（ownership of the asset）和企业所有权（ownership of the firm）的分离。根据该理论，财产所有权是指对给定财产的占有、使用、收益和处分，类似于大陆法的物权，而企业所有权是指对企业的剩余索取权（residue claimancy）或剩余控制权（residual rights of control）。企业所有权是相对合同收益而言的，指的是对企业的收入在扣除所有固定的合同支付（如原材料成本、固定工资、利息等）

---

〔1〕 Alchian & Demsetz, “Production, Information Costs, and Economic Organization”, 62 *Am. Econ. Rev.* 1972. 转引自罗培新：《公司法的合同解释》，北京大学出版社 2004 年版，第 22 页。

〔2〕 Jensen & Meckling, “Theory of the Firm: Managerial Behavior, Agency Costs, and Ownership Structure”, 3 *J. Fin. Econ.*, 1976, pp. 305, 310. 转引自罗培新：《公司法的合同解释》，北京大学出版社 2004 年版，第 22 页。

后的余额（利润）的要求权。剩余控制权是指在合同没有约定的活动中的决策权。经济学家们认识到，剩余索取权与剩余控制权应当相匹配。[1]

"企业契约"理论的核心观点是公司"乃一系列合同联结（nexus of contracts）"[2]，包括公司本身与原材料销售者，与客户之间的合同，公司管理层与股东的合同，公司与劳动者的雇佣合同等。在每个合同里，合同的参与人都被设想成尽量追求自己利益的"理性人"，他们基于各自的利益，与对方签订了合同，成为公司利益主体中一员。也就是说，公司其实是产权的一种交易方式。这些合同的表现形式有文字的、口头的，明示的、默示的。明示的包括国家的法律、公司的章程等，默示的则需要法院来解释和确认。以"企业契约"理论来解释公司内部的治理结构和制度安排，则大股东与小股东、普通股东与优先股东、新股东与老股东的关系，股东与债权人的关系、股东与公司管理层的关系、公司中的科层，上下级隶属关系，以及其他利益相关人之间的关系等均被划为合同关系。这就与市场中的普通交易合同关系没有什么区别了。而所谓的"企业管理"也不过是一系列持续性合约的反复不断地修订和实施的过程。而公司的管理者不过是代表公司协调内部各种契约关系。"管理成为一种以所谓的'决策'为特征、协调各投入要素相互间合约的，起特殊作用的劳动。"[3]

---

〔1〕 张维迎："所有制、治理结构及委托—代理关系——兼评崔之元和周其仁的一些观点"，载《经济研究》1996年第9期，第3页。

〔2〕 Robert W. Hamilton, *The Law of Corporations*, 6th ed., West Group, 2010.

〔3〕 Margaret M. Blair and Lynn A. Stout, "A Team Production Theory of Corporate Law", *Virginia Law Review*, 1999, p. 5.

同时，经济学家又将契约分为完备契约和不完备契约。一个完备的契约必须能够完整地描述交易双方的状况和将来可能发生的情形以及解决的方案。然而面对一个纷繁复杂的世界，未来的一切都是那么的不确定，要想预知未来并且订立一份完备的合同几乎是不可能的，尤其是公司这样的“合同束”。因此经济学家们几乎一致地认为，公司是不完备契约。

综上，“企业契约”理论可以用以下三点概括：①企业的契约性（the contractual nature of the firm）；②契约的不完备性（the incompleteness of the contracts）；③由此导致的所有权的重要性（importance of ownership）。[1] 在此有必要讨论一下“公司”与“企业”的关系。在20世纪50年代以前，公司被认为是解决企业资本问题的手段。当时的主流理论认为，公司不同于企业，企业目的是组织生产，降低由于市场交易而产生的交易成本。而公司的目的是筹措经营资本，为那些有资产、有技能的人提供最可靠的投资渠道，要提高投资人的积极性，使公司能够在短期内聚集大量资本，于是便会有有限责任制、股份制等机制的产生。20世纪50年代以后，各国经济都有了长足发展，公司的地位已经得到确立，有限责任制、股份制等公司特有的机制也已经深入人心，而公司对社会生活的负面影响也日益显现，于是法律要求公司不仅要考虑股东（投资人）的利益，也要考虑与公司相关的利害关系人的利益，即要达到利益的平衡。而企业也不再是简单的组织生产的工具，既然企业的性质是一系列合同的联结，那么每个合同的当事方的利益都必须得

---

〔1〕 关于这一理论的综述，可以参阅张维迎：《企业的企业家——契约理论》，上海人民出版社1995年版，第1章。

到充分的尊重，这样，企业的功能和公司的功能就在“企业契约”理论之下得到了较好的统一。[1]

当然，自“企业契约”理论产生以来，对于该理论的质疑也一直没有间断，质疑主要集中在实践中企业契约机制的失灵问题：首先，“企业契约”理论建立在契约各方对于信息完全掌握的基础上。也就是说，签订契约的各方充分了解有关企业的各种信息。而现实中，公司的主要信息往往被大股东、公司经理层垄断，其他利益相关方不可能获得同样充分的信息。这种信息的不对称严重影响了契约的履行。其次，公司通过契约进行制衡，必须建立在契约各方的地位平等之上。而这一点在现实的公司中几乎是不可能实现的，现代公司的表决机制——“大股东规则”即是一个明证。因此，为了弥补契约在现实中的困境，公司法应运而生，具有了存在的合法性和合理性。有学者提出，公司法的功能在于：公司契约模本、公司契约漏洞的补充、实现非效力目标三方面。[2]

（二）公司清算内涵的解释

对公司清算内涵进行分析的逻辑起点是“企业是不完备契约”。正是由于企业是不完备契约（束），因此企业的利润就有可能出现事先没有预想到的部分，当然这部分有可能为正，也有可能为负。这部分利润在经济学上被称为“剩余”，而对这部分的索取权和控制权其实正是对于企业最终利润的分配权。这

---

〔1〕 事实上，“企业契约”理论（公司合同理论）正是在对强调保持经理层地位的“经理”主义的批判上慢慢兴起的。

〔2〕 罗培新：“公司法的合同路径与公司法规则的正当性”，载《法学研究》2004年第2期。

种权利应当如何分配？经济学家经过研究表明，由于“剩余”可能是负的，也就是说存在风险，而只有实际承担风险的人才能够尽自己的最大努力去控制（治理）好公司，因此“剩余索取权”和“剩余控制权”应当与企业控制权〔1〕相一致，只有这样才能实现企业的治理结构的最佳。而在私有制的逻辑下，公司的股东一般承担了这一角色，因为他们是财产的投入者，当然希望能够获得除了固定契约约定的一部分收益之外的剩余，而不希望这部分剩余为零或者负数，因此，他们实际上承担了边际风险，从而最有积极性搞好企业。

“剩余”的存在取决于固定契约（包括法律）的履行结果，即如果所有的固定合同都得到完美的履行，则所有的契约当事方都无权再与公司的控制人（所有人）主张自己的权利，但是一旦契约无法正常履行，损害了当事方的契约利益，则企业的控制权就应当转移到受损害的一方，比如公司的债权人。这是因为，企业作为合同的联结，应当优先保证既定合同的履行。如果既定合同得不到履行，则合同的当事方实际上承担了风险，按照剩余控制权与企业控制权一致的结论，此时企业的控制权就应转到承担风险的当事方身上。

本书对公司法视角下公司的清算内涵的解释正是建立在上述理论基础之上，可以归纳为公司控制权根据“剩余”不同而在不同主体间的转换。在公司进行清算的情形下，一般认为可

〔1〕 这里的企业控制权主要表现为监督权和投票权等，我国著名经济学家钱颖一教授将其描述为“重大事项决策权”。参见杨瑞龙、周业安：“一个关于企业所有权安排的规范性分析框架及其理论含义——兼评张维迎、周其仁及崔之元的一些观点”，载《经济研究》1997 年第 1 期。

能存在两种情况，即资不抵债而清算和资可抵债的清算。前者一般是指破产清算，根据上述理论前者的控制权在公司清算（破产清算）开始后，就应当转到债权人手里。而在后一种情况下，控制权仍然保持在股东的手里。在这种情形下，如果公司股东自愿履行清算义务，则整个清算过程仍然由股东控制，即控制权不发生转换。而如果股东不履行法定清算义务，则应当由国家出面负责组织清算，也就是由公权力接替股东获得公司的控制权。这其中的理由是：其一，“企业契约”理论中，公司股东与各个利益相关方签订了合同，其中包含了与国家的合同，合同的内容主要表现为法定的各项义务。公司股东不依法在公司解散后履行法定的清算义务，就是对其与国家的契约的拒绝履行。因此，国家可以获得相应的控制权，具体表现为组织清算的权力。其二，公司不履行清算义务，同时意味着对包括债权人在内的所有利益相关人的违约。而清算过程的复杂性和对效率的追求，不可能让所有的利益受损方共同行使对公司的控制权，必须有一个代表。此时，国家作为国民的代表，可以履行相应的职责。其三，考虑到债权人等利益相关人的权利受到侵害，清算的权力应当由国家和其他利益相关人共同行使，即以国家主导、各方共同参与的形式进行清算。这种共同参与可以表现为对公司清算的提起权、对国家选定的清算人的异议权、对清算方案的审查权等。

第二节　利益平衡及其在公司法上的适用概述

一、利益平衡的理论渊源

无论是经济学还是法学上的“利益平衡”，都可以从理论上追溯到“利益相关者”理论和“企业社会责任”理论。“利益相关者”理论认为：企业的目标函数不只是股东利益最大化，也应该照顾所有“利益相关者”的利益，利益相关者应该分享企业剩余索取权和控制权。该理论的优点在于突破了一对一的委托代理模式，委托代理的模式不仅只有一对一，而且可以是多对一，甚至多对多。另外，该理论又为代理人参与剩余的分配提供了理论基础，为企业所有制改革、企业核心员工入股、提高员工积极性等，提供了理论上的指导。根据上述理论，美国29个州于20世纪80年代修改了公司法，明确了“利益相关者”[1] 对公司的作用和应当获得的利益。

“企业社会责任”理论打破了公司的设立和运作主要是为了实现公司所有人（股东）的利益这一信条，提出了公司不仅应当为股东服务，还要为利益相关人服务，考虑他们的利益。这里的利益相关人包括除了股东之外的所有直接受到公司行为影响的主体，包括但不限于公司的供应商、产品的批发商、顾客、债权人（包括一般债权人和劳动债权人）、邻居、所在社区、地

〔1〕 有关“利益相关者”理论的更多内容，可见“文献综述”。

方或国家政府以及普通的社会公众等。我国学者在总结外国的一系列理论和实践经验后认为，公司的社会责任是指公司不能以最大限度地为股东们营利或赚钱为自己的唯一存在目的，而且应当最大限度地增进股东利益之外的其他所有社会利益。这种社会利益包括雇员利益、消费者利益、债权人利益、中小竞争者利益、当地社区利益、环境利益、社会弱者利益以及整个社会的公共利益等。[1] 国家应当在立法时扭转公司只为股东利益服务的价值一元取向，考虑股东和非股东的利益，在对他们利益进行平衡的基础上进行立法。考虑到长期以来，对股东权利的一元式保护的观念已经根深蒂固，应当在今后的立法中向非股东利益倾斜。根据上述理论，公司的决策者们在日常的公司经营决策中，必须在上述非股东利益和股东利益之间作出平衡性的选择（因为它们之间有可能是存在冲突的），即不能只考虑股东的利益，还要考虑非股东的利益。

综合“利益相关者”理论和“企业社会责任”理论的发展脉络和主要内容来看，可以作以下几点分析：

第一，“利益相关者”理论是在企业管理理论基础上发展起来的。其理论基础是微观经济学中的企业理论。由于该理论突破了企业长期以来的只为投资者服务的一元化目标，因而对公司治理和公司法的立法产生了很大的影响。

第二，“利益相关者”理论的产生与兴起与“企业社会责任”理论的发展有着不可分割的关联。因为从“利益相关者”理论的内容来看，其价值取向和思维方式基本与“企业社会责

〔1〕 刘俊海：《公司的社会责任》，法律出版社1999年版，第6页。

任”理论有很大的相似性，二者均要求企业应当对所有的利益相关者负责，这是企业的责任所在。

第三，“企业契约”理论是“利益相关者”理论和“企业社会责任”理论的重要理论支撑。从“利益相关者”理论的主要内容来看，其要求企业为股东、债权人、员工及其他可能存在的利益相关人负责。而“企业契约”理论认为企业是一系列契约的联结，企业的行为其实是履行每个合同。那么按照这一逻辑，无论是什么合同，合同的各方当事人都是平等的，应该平等保护。这样所有的合同当事人就构成了“利益相关者”群体，而承担“企业社会责任”也正是履行企业契约的过程。

第四，“利益相关者”理论和“企业社会责任”理论没有改变公司法的基本立法逻辑。无论是西方公司法还是我国公司法，其立法的基本前提是财产私有、产权明晰。只有在财产私有、产权明晰的基础上，才能够合法安全地进行投资，并获取收益。“利益相关者”理论和“企业社会责任”理论虽然强调企业应当考虑各种利益主体的利益，不再一味强调企业只为股东利益服务，但是企业的控制权和剩余索取权在企业正常经营情况下仍然属于股东。这一点在论述公司清算的内涵的时候已经论及。因此西方（尤其是美国）公司法虽然将上述理论引入了公司立法，但是没有动摇公司立法的逻辑基础。

二、利益平衡的法学内涵

利益平衡理论是一个在法学领域，尤其是在民商、经济法领域广泛运用的理论，无论是从利益分配的结果还是从利益分配的手段来说，其都在法学领域具有重要的理论和实践意义。

美国著名法理学家E. 博登海默（E. Bodenheimer）说过："法律的主要作用之一就是调和一个社会中互相冲突的利益，无论是个人利益还是社会利益。这个在某种程度上必须通过颁布一些评价各种利益重要性和提供调整这种利益冲突标准的一般性规则方能实现。如果没有某些具有规范性质的一般性标准，那么有组织的社会就会在作下述决定时因把握不住标准而出差错，如：什么样的利益应当被视为值得保护的利益，对利益予以保障的范围和限度应当是什么，以及对于各种主张和要求又应当赋予何种相应的等级和位序。如果没有这种衡量尺度，那么这种利益的调整就会取决于或然性或者偶然性（而这会给社会团结与和谐带来破坏性后果），或者取决于某个有权强制执行它自己的决定的群体的武断命令。"〔1〕 上述内容至少包括以下几个含义：

（1）法律的重要目的之一是协调、平衡利益。因为利益是人类自进入文明社会以来任何一个个体都在追求的目标。而正是因为有利益，而且很多情况下每个个体对利益的无限扩大的欲望会导致个体之间的冲突，所以作为社会的组织者的统治集团才会制定"一般性规则"，来界定每个个体的利益的边界，协调利益的冲突，这个规则就是法律。

（2）法律作为调节利益的规则应当在制定时主要关注利益的价值（即对各种利益进行价值判断，只有有价值的利益才值得法律保护）、利益的边界以及协调和平衡利益的冲突。法律在协调多个有价值的利益时，应当考虑它们的位阶，即优先顺序

〔1〕［美］E. 博登海默：《法理学：法律哲学与法律方法》，邓正来译，中国政法大学出版社1999年版，第398页。

问题。

美国著名法学家罗斯科·庞德（Roscoe Pound）曾经作出过一个基本的判断，即应当得到法律保护并应予以鼓励的利益包括以下几项：一般安全中的利益，包括防止国内外侵略和公共卫生的安排；社会制度的安全，如政府、婚姻、家庭及宗教制度等；一般道德方面的社会利益；自然资源和人力资源的保护；一般进步的利益，特别是经济和文化进步方面的利益；最后但并不是最不重要的一点，即个人生活中的社会利益。这种利益要求每个个人都能够按照其所在社会的标准过一种生活。[1] 对于上述理论，笔者认为虽然其在对“利益”的种类概括上有其独到之处，而且抽象度较高，但是仍然没有解决一个最为重要，同时也是最实际的问题，就是当在一个具体的问题中，或一个具体的法条设计中，如果上述两个或几个利益发生了冲突，则应如何取舍，或者如何安排其优先顺序。在这个问题背后，还有一个更加深层次的问题，就是在对这些价值进行取舍或者排序的时候，有没有统一不变的标准，是什么标准，如何确定这个标准。这一标准的确定，其实最终还是离不开价值判断，也就是博登海默所说的“利益评价”。对此，博登海默教授认为，庞德提供了一种实用主义和经验主义的方法。就是法官在了解其自身职责和他所能得到的信息的基础上尽全力完成其职责，而最终的目的是尽可能多地满足一些利益，并使牺牲和摩擦降

〔1〕［美］E. 博登海默：《法理学：法律哲学与法律方法》，邓正来译，中国政法大学出版社1999年版，第398页。

低到最小限度。[1]

从庞德的方法来看，其实他并没有提出什么标准，只是说要满足尽可能多的利益，并且尽量减少牺牲和摩擦，这只能说是提出了一个目标而已。这从另一个方面也说明了一点，即要给利益位阶的划定确定一个不变的标准其实是很难的，甚至是不可能的。从历史唯物主义的角度来看，利益位阶的确定涉及每个历史社会形态的利益归属，一般都由立法确定，而立法又反映的是占统治地位的阶级的意志，统治阶级的意志又由这个阶级所处的社会的物质生活条件所决定。因此，利益的位阶也应当是由每个历史阶段的经济、社会和文化生活的特定情况所决定的，有时甚至具有一定的偶然性。要给这种利益的位阶的确定划分一个统一的标准也是不可能的。这个标准也是随着历史阶段的经济、社会和文化的特定情况的变化而改变的。但是有一点可以肯定，就是随着经济的发展、社会的进步、人类文明程度的提高，过去那种在阶级社会中存在的你死我活的斗争已经不复存在，取而代之的是各个阶层和睦相处、利益均沾的大格局。法律在确定利益位阶的时候，尽管有优先和劣后之分，但会在给予某些利益主体以优先顺位的同时，也尽量地考虑劣后顺位的利益主体的利益，就像前文中所引用的庞德的理论那样，“尽可能多地满足一些利益，并使牺牲和摩擦降低到最小限度”。这一思想已经具有了“利益平衡”的雏形。而笔者认为，所谓的利益平衡，就是指对各个主体的相冲突的利益主张（需求）进行衡量、调和，使有限的利益总量能够在各个主体之间

〔1〕［美］E. 博登海默：《法理学：法律哲学与法律方法》，邓正来译，中国政法大学出版社 1999 年版，第 400 页。

形成一个各方都可接受的分配格局，从而避免矛盾的激化，最大限度减少社会风险，促进社会和谐。

上述论述可以从以下几个具体方面展开：

第一，利益平衡的情况发生在有多个利益主体，且各自的利益主张存在冲突的情形下。前文已述，利益的冲突才需要对利益进行平衡，这是前提。无论是在双边格局下，还是在多边格局下，只要是各方所要瓜分的利益总量是固定的，就可能存在利益的冲突。这种冲突尤其会发生在利益总量不足以全部负担每个利益主体依照法律可以获得的利益的总和时，最为典型的就是破产清算。因此破产法其实是在资不抵债的情况下，打破原有的法律关系，重新建立新的利益分配格局的法律。但是笔者在此要强调的是，即使是在利益总量可能足够分配的情况下，各方利益也会发生冲突。原因在于利益各方在不清楚是否利益总量足够分配的情况下，谁都不愿意在分配顺序上落后，因为落后意味着有可能要承担无法足额分配的风险。因此在这种情况下，预先设定利益平衡的规则也是十分必要的。

第二，利益平衡的方法是对各个利益主体的主张进行衡量与调和。各个利益主体从自身出发，提出自己的主张，受命进行利益平衡者就首先要对这些主张进行合法性和合理性审查。只有合法、合理的利益诉求才能够被纳入利益平衡的考量范围，然后再将这些合法、合理的利益诉求进行衡量，并加以调和。

第三，利益平衡的结果应当是在各个利益主体之间形成一个大家都可接受的利益分配格局。对于利益分配的结果如何评价，本身是仁者见仁、智者见智的。有的学者认为应当以公平、公正作为衡量的标准。但笔者认为，公平、公正本身的标准就可以有不同的解释，是一个看似客观，实则非常主观的标准。而且真正的客观的公平、公正也很难达到，因为利益总量往往不够分配，而各个利益主体的利益诉求又都有其合法、合理的方面。因此，笔者倾向于用“各方都能接受”作为衡量的标准。当然这种接受可能带有一定的无奈，但是终究是在每个主体衡量了自己和他人所分得的利益后，感觉可以接受的。

第四，利益平衡的目的是避免矛盾的激化，最大限度地减少社会风险，促进社会和谐。利益平衡所指向的对象是一个个利益主体，他们在主张各自的利益时必然产生各种矛盾。这种矛盾如果激化，则会对社会产生冲击，增加社会风险。如果涉及的利益总量很大，利益主体众多，则如果各方利益得不到平衡，会产生较大的冲击，社会风险也较大。利益平衡的目的就应当是尽量将这种风险降到最低，从而促进社会和谐。而且，从字面意思来看，平衡一词本身就带有“和谐”的内涵。

三、利益平衡在公司立法上的适用概说

无论是“利益相关者”理论还是“企业社会责任”理论，都已经在外国公司法的立法和司法过程中产生了很大的影响，甚至直接导致了一些国家和地区的公司法改革。然而，我们也必须看到，从上述理论的产生和发展直至对立法产生影响的国家和地区来看，主要是西方发达国家。这些国家经济发达、社会稳定、人民富裕、社会矛盾相对较少，而且更为重要的是，这些国家由于已经完成了资本的原始积累，市民社会得到较好的培育，正在向更高层次的富裕社会、福利社会迈进，因此对这些国家而言，当下需要解决的是全民福利的问题，也就是财

富的均衡化分配问题。因此，这些国家的公司法，可以从激励投资的立法目的转向平衡各阶层利益的立法目的。

就我国而言，必须结合我国的国情民情，充分考虑各种理论的优点和弊端，寻找一种切合本国国情的理论来指导我国的公司立法。具体而言，就是如何协调和平衡股东利益和非股东的利益。笔者认为，当前我国处在经济转型期，社会财富仍然不够强大，市民社会尚未形成，人们的投资热情仍然不够高涨，保障就业问题仍然是保障公民基本权利，尤其是劳动权最重要的内容，因此在公司立法宗旨中，仍然应当坚持股东利益至上的理念，以鼓励投资。但是在某些立法的具体方面，要适当考虑其他利益相关人的利益。如公司在大型项目选址等方面，应当听取小股东、债权人、职工代表、社区代表的意见，而不是仅仅为了营利就可以由董事会自行决定等。这里尤其要指出的是在公司清算（包括破产清算和非破产清算）的时候，应当强化利益平衡，尤其对非股东利益的保护力度应当强于对股东利益的保护。从法学上说，由于此时公司已经不再进行经营活动，亦即公司股东投资的目的已经消失，清算的价值取向已经不再是效率，而是公平和安全，因此其他非股东的利益，特别是公共利益应当得到充分的尊重。

总而言之，无论是“利益相关者”理论还是“企业社会责任”理论，其在我国公司法上的适用不应当一味地照搬西方的模式，而应当根据我国的国情顺势而为。立法还应当根据公司运作的不同阶段而有所调整，即根据具体阶段的不同，适当调整对各方利益的保护力度。在公司的初创和正常运营阶段，应当坚持效率优先，在总体鼓励投资、保护股东利益的基础上，适当考虑其他利益主体的利益，这是一种经营状态下的利益平衡。而在清算阶段，应当坚持公平优先，首先考虑债权人利益和社会公共利益，实现另一种利益平衡。也就是说，利益平衡的对象和内容以及力度应当随着公司发展的各个阶段的不同而有所不同。在法律意义上进行利益平衡的手段无非是保护、提倡、限制和打击，公司法亦是如此。对于公司不同的发展阶段，法律保护的利益、提倡的利益、限制的利益和打击的利益都有所不同，即使在保护、限制和打击当中，也应对不同的对象加以区分。[1]

第三节　公司司法清算中的利益相关者及其冲突

一、公司司法清算中的利益相关者

按照“利益相关者”理论，在整个清算过程中，如果不考虑法院，包含了以下几类利益相关者：

（一）股东

股东是公司的所有者。在具体研究中，在股东当中还要区分大股东、小股东和公司发起人，此三类人虽然都是公司的股东，但是其在公司中的地位有较大差别。股东是公司的投资人，按照公司法的规定，享有投票决定公司重大事项的权利、处置公司资产的权利，以及前文所述的公司的剩余控制权等最重要

〔1〕 该内容在后续文章中将详述，在此恕不赘述。

的权利。根据前文的分析，股东的权利中，最重要的也是最具实质性的权利就是公司剩余的取得权和控制权，这一权利一般被称为“分红”权。这些权利的行使目的就是获得利益。从有限公司和非上市股份有限公司来看，获得分红基本上是股东投资设立或参股公司的最重要目的之一。这是资本的逐利性的体现。而上市股份有限公司由于其股权已经证券化，可以自由地在公开市场上买卖，并且享有高额的溢价，因此，拥有此类公司的股东很多都是为了获得更高的溢价后抛出获利，并非为了实际拥有公司的重大事务投票权、剩余控制权等股东权利。因此上市股份有限公司的股东权利其实已经随着股权的证券化而发生了异化，在很大意义上成了炒卖获利的工具，所以下面关于公司利益相关人的利益的讨论一般不包括上市股份有限公司的股东。

在公司司法清算过程中，公司的股东的利益一般就是上述的获得公司的剩余。因为公司已经进入了司法清算的程序，因此公司的实际控制权可能已经转移。但是公司的股东作为公司的投资人，仍然可以期待对公司财产、债权、债务进行核算后分得公司的剩余。当然在这其中，股东也可以提出公司重整，避免清算后终止的主张。如果公司重整成功，则股东的利益就不再是分享公司的剩余，而是重新获得公司的前述三大权利所带来的利益。

（二）债权人

这里的债权人指的是和公司有商事交易的债权人，即狭义上的债权人，而不包括劳动债权人。笔者在此想借用美国著名学者伊安·R. 麦克尼尔（Ian R. Macneil）的观点，即他在《新社会契约论》中将社会关系作为契约法的基石而重新解释契约的观点。[1] 他在书中提出了“关系契约”的观点，并将契约划分为“个别契约”和“关系性契约”。根据迈克尼尔的观点，个别契约被解释为“除了物品的单纯交换外，当事人之间不存在关系”的契约。[2] 那么相应地，如果契约当事人之间除了单纯的物品交换之外，还建立了一种较为持久的与人身较为紧密的关系，那么这种契约就是关系契约。可见，个别契约与关系契约的最主要区别在于，个别契约是一种及时结清的契约，“很少涉及人格、人身，关系相当松散，甚至可以不需要存在人身信任关系”[3]，关系契约则不然，契约的当事方往往不仅存在物品交流关系，还在合同存续期里具有广泛的交流，特别是人身交流。在这种关系契约里，双方的信任程度、交流的深度广度以及契约的持久性，都与个别契约不可同日而语，典型的关系契约如：婚姻关系、劳动关系。显然，劳动合同属于关系契约的范畴，而与一般的债权债务合同不同。对于劳动债权的保护也与一般债权有所不同。

由于公司基本上都是负债经营的，因此公司的一般债权人实际上是那些将资金或财产借给公司而没有得到偿还的人和组织。例如向公司发放贷款的合法机构（包括银行、信用社等）、公司债券持有人、公司票据的持有人等。按照一般的债法规定，其享有对公司要求到期偿还债务及利息的请求权。

---

〔1〕［美］麦克尼尔：《新社会契约论》，雷喜宁、潘勤译，中国政法大学出版社1994年版，第4页。

〔2〕［美］麦克尼尔：《新社会契约论》，雷喜宁、潘勤译，中国政法大学出版社1994年版，第4页。

〔3〕罗培新：《公司法的合同解释》，北京大学出版社2004年版，第22页。

（三）劳动债权人

劳动债权人包括了公司高管和普通员工。劳动债权不仅仅包括劳动报酬，还包括了由社会保险经办机构（或者税务机构）征收的社会保险费。这部分费用虽然属于行政费用之列，但是其属于保障劳动者在年老、疾病、工伤、生育和暂时失业的情况下的基本生活的费用，而且征收的渠道是从劳动收入中收缴，因此也属于劳动债权的一部分。

公司员工包括公司的管理人员和公司的普通职工。从狭义上说，只有在公司进入清算程序之前拖欠了公司员工的工资收入，包括应当缴纳的社会保险费，公司的员工才能对公司主张利益。因为此时公司的员工才有依照劳动合同享有的对公司的债权。然而有一点需要指出的是，公司的员工和公司之间并非仅仅是简单的劳动合同关系，而是包含了一种基于长期信赖在内的互相依赖关系。在公司的持续经营中，需要员工的忠心工作，使公司产生持续的效益，同时公司也提供给员工劳动报酬，使其能够维持生活。这种长期的稳定关系一经建立便会产生一种依赖，尤其在目前劳动力相对过剩的时期，员工对于公司的依赖更甚。而且考虑到一旦公司与员工解除劳动合同或终止劳动合同，可能导致员工在一段时间内由于暂时的失业而生活无着，《劳动法》、《劳动合同法》特地规定了在公司提前解除与劳动者的劳动合同和终止劳动合同而不再续约的情况下，公司应当向员工支付经济补偿金，具体数额以员工在该企业的工作年限计，每满一年为一个月工资收入。如果是终止不续约的情形，则最高不超过12个月。

另外需要指出的一点是，公司员工包含了公司的管理人员，甚至是高级管理人员（经理）。而这两者的谈判能力、对公司的信息的掌握程度、对公司的影响力都有较大差别，因此在清算时，这两者的利益诉求可能会有所不同。比如普通员工可能只要求所欠工资，而这两者可能拥有公司的股票，也有可能主张额外的待遇等。

（四）国家

国家在公司清算中的利益可以分为社会性的和经济性的两种。社会性的利益主要是指由于公司的清算导致的各种社会性风险，如员工面临失业的风险；又如因为债权人对企业的资产无信心，从而发生类似于“挤兑”的争抢财产行为；再如原本以为资可抵债，后经资产清理核算后发现资不抵债而引发的恐慌而导致的混乱等。上述这些问题如果发生，无疑会增加社会不稳定的因素。而国家作为整个社会的组织者，整个社会的稳定对其有着至关重要的意义，不仅关乎人民的福祉，更加关乎政权的稳定。从经济性利益来看，主要是各类税收的足额征缴。税收对于国家的意义自无须多言，虽然税收部分被用于增进人民福祉的基础设施建设和国有企业投资，以及物价补贴、社会保障等，但不可否认的是有一大部分被用于国家机关、事业单位以及国有企业管理人员的工资收入。[1]

上述两类国家利益在司法清算中分别由不同的机构代表。社会性利益的代表主要是人民法院及其委托的中介机构。在司法清算中，法院承担了较为重要的职责，负责受理清算申请、

〔1〕 笔者如此表述，并不是对这种分配机制存有异议，税收用于支付国家机器的正常运转在理论和实践上都已经被证明是合理、正确的。

确认清算人、对财产分配结果进行最后的认可，并从司法上终结清算程序等。中介机构则受法院的委托，承担了清算的组织和协调工作，其目的是使整个清算工作合法有序地进行下去。而国家的经济性利益的代表主要是税务机关，即由税务机关负责向被清算公司主张其应当缴纳而未缴纳的税款。

（五）公司

很多学者在研究公司法上的利益平衡问题时，往往忽略了公司自身的利益。其实无论是将公司看作一系列合同的集合，还是看作一个拟制的人，抑或实在的人，公司在存续期间当然存有自己的利益，因此应当作为利益相关人一方。公司利益主要体现在公司的交易机会、交易结果、公司的正常发展等，这个自不待言。然而公司在清算过程中，虽然已经停止了正常的运行，也不存在一般意义上的交易，但是仍然存有自己的利益，这个利益主要表现在：公司债权的正常回收、债务的正常履行、公司继续存续的机会、公司安定平稳地度过清算期等。这些利益都是一个正常的正在清算的公司的利益，是客观存在的。这一诉讼的理论前提就是公司利益的存在。而在公司清算中，清算组已经取代了公司日常的治理架构，也有权利代表公司对侵害公司利益的人或组织提起诉讼〔1〕，因此公司的利益在公司的清算中是不可忽视的。

（六）其他利益相关人

如中介机构、上下游企业、固定的产品消费者等。其他利益相关人，比如消费者、供应商等，他们在公司的正常经营过

〔1〕 我国的《公司法司法解释（二）》也有明确规定。

程中，是利益相关者，但是在清算过程中，除非对公司有基于合法理由的权利，比如被公司产品所伤，主张赔偿的消费者，又如被拖欠货款的供应商等，否则一般不列入司法清算中利益相关人的行列，在此过程中也无权主张利益。

二、公司司法清算中的利益冲突

（一）利益的分类

根据不同的标准，可对前述各利益作如下的分类：

1. 按照利益主体不同，可以分为个人利益、公司利益和公共利益

按照利益主体的不同对利益进行分类，是一种基础的分类方法。个人利益包括上述每个私的个体在清算中的利益，而个人利益构成了其他利益的基础。公共利益也称社会公益，对公共利益的界定一直是法学界讨论的焦点之一。在公司司法清算中，公共利益除了国家所追求的各种税费征收外，还包括防止由于公司终止而发生的大量失业、金融危机、社会动荡等。本书将公司利益单独列为与个人利益、公共利益并列的一个利益种类，主要原因是公司利益从主体上看，既不属于个人利益，也不属于公共利益，应当单独成类；从内容来看，公司利益中，既涉及公司自身利益，也涉及公共利益，因此单独成类更加合适。

2. 按照利益的标的不同，可分为财产性利益和非财产性利益

财产性利益的目标一般指向财产。财物，表征主体对财产的需求。非财产性利益主要是指对财产以外的追求，比如政治

稳定的需要、精神层面的需要等。在公司清算中，一般的私主体均追求财产性利益，但是也隐含着精神利益。而公主体则主要追求非财产利益，如社会的稳定等。

3. 按照利益的实现方式不同，可分为偿还性利益和非偿还性利益

在公司司法清算中，偿还性利益主要指用金钱、财物、劳务进行偿还的利益，而非偿还性利益主要指公司可以通过重组、谈判等避免清算的结果，从而实现公司的存续。

在此需要说明的是，虽然笔者在陈述上述利益相关方的利益中，各个利益主体都有其明确的利益，也都能够在上述分类中找到自己的位置，但是不可否认的是，各种利益主体之间存在着交叉，特别是非财产性利益，各个利益相关方其实都具有。很多情形下财产性利益与非财产性利益交织融合，很难分开。比如除了国家的利益之外，似乎其余各方均只具有财产性利益。比如公司的股东和债权人，其参与到公司的司法清算中来，为了获得财产性利益。然而如果由于争抢有限的财产而导致秩序的混乱，进而引发局部社会的混乱，则反过来又会在很大程度上影响其财产性利益。这种现象说明，财产性利益的无序主张很可能会引发社会性问题。虽然从狭义上看，社会性问题侵害的是国家的利益，但在实际上会同时影响其他利益相关方的财产性利益。

（二）各类利益的冲突

按照上述分类，对公司司法清算中的主要利益冲突可以作如下分析：

1. 个人利益与公司利益、公共利益的冲突

个人利益与公司利益的冲突是外国公司法的核心内容之一，无论是将公司看成合同的联结还是社会实体，无论是采用代理还是代表理论来解释公司董事和高管与公司之间的关系，都必然存在着防止董事和高管人员侵蚀公司利益的法规和制度。[1]我国公司法在继受大陆法系公司法的基础上，又吸收了英美法的一些观点，除规定归入权之外，还规定了勤勉义务、公司机会等内容，明确接受了个人利益与公司利益的冲突的观念。在司法清算中，同样存在着清算组成员的个人利益与公司利益的冲突，比如是否尽责地代表公司追讨债权；在发现公司有继续存续的机会的时候，是否会为了自己的私利而拒绝这种机会等。从个人利益和公共利益的冲突来看，个人利益占了主要部分，但是相对比较分散，分别属于几个利益相关人。而公共利益却相对集中，基本上由国家的代表所占有，比如税收、社会的稳定、金融的稳定等。个人利益与公共利益的冲突的起因，一般是个人和国家所追求的利益本位不同。但是这里需要指出的是，长期以来我国理论界对于"公共利益"的界定并不明确，这导致了制度层面、操作层面的混乱。长期以来公权力部门经常借助所谓的"公共利益"来恣意非法限缩个人利益的空间。而且随着金融危机的到来，"国进民退"的思想也客观上促使上述情形愈演愈烈，比如政府部门一再强调维护社会稳定，同时又要保证国家税收的优先性而可能牺牲股东、债权人的利益，这种做法本身就值得商榷。

---

〔1〕 邓峰："公司利益缺失下的利益冲突规则——基于法律文本和实践的反思"，载《法学家》2009年第4期，第79页。

2. 财产性利益与非财产性利益的冲突

司法清算中，财产性利益与非财产性利益的冲突主要是对财产性利益的追求和对政治性利益的追求的冲突。由于政治性利益的追求者一般是国家，而且政治性利益与公共利益有重合之处，一般也是针对社会稳定、和谐的，因此这两者的冲突与第一种冲突比较相似。

3. 偿还性利益与非偿还性利益的冲突

偿还性利益与非偿还性利益的冲突主要缘于不同的利益主体对企业的继续发展是否抱有希望以及是否有眼前的利益需要兑现。如果利益主体对于企业的继续发展仍然抱有希望，或者没有非常紧急的利益需要及时兑现，一般会希望公司继续存续下去而不进行清算偿债，也就是放弃偿还性利益而追求非偿还性利益。反之，则是追求偿还性利益而放弃非偿还性利益。如果这两种利益主体同时存在于一个司法清算程序之中，则会产生冲突。

4. 财产性（偿还性）利益之间的冲突

公司的司法清算，最主要的目的就是偿还债务、了结法律关系。这就必然涉及财产性（偿还性）利益的主体之间的矛盾和冲突。在一些特殊的情形下，比如协定债务清偿协议的制定、公司注销后又由债权人主张债权等，这些矛盾显得尤为突出。又如，作为人力资本的提供人的劳动者也会与作为金融资本提供者的股东和债权人在财产的分配上形成冲突等。而且，清算组自身的利益也会在清算过程中显现，并与债权人利益、股东利益形成冲突。

可以说，在整个司法清算过程中，利益冲突无处不在，笔者在此不再列举。

(三) 对利益冲突产生的原因的讨论

公司司法清算中的利益冲突的产生有以下几个原因:

1. 公司财产的有限性与权利的合法性

被清算公司的财产的有限性自不待言，任何一个主体的财产都是有限的，而即将对公司财产进行瓜分的利益相关人的权利又都是合法的权利。正因为权利合法，所以各利益相关人，如债权人、股东、劳动者等在争取自身权利的时候会据理力争，寸步不让。

2. 利益相关人信息的不对称性

在司法清算过程中，各利益主体对于信息的掌握有很大差异。现代公司理论认为，公司股东不掌握决策权。而是把全部决策权授予董事会和经理。然后决策权再按照最高管理层和董事会确立的规则，被分割给个人和组织单位所有。[1] 根据该理论，代表大股东的董事会以及代表高层管理人员的经理层由于掌握了公司的最关键决策权，因此就可以获得有关公司日常经营、财务状况等关键性信息。因此，他们在清算中肯定居于最为有利的地位。而根据代理理论，公司的次级决策权将被层层授权到下属各级管理人员和单位中去，因此，这些人员享有了一定的决策权，从而掌握了与之相对应的信息。而同样作为公司所有人的小股东则有可能由于不参与公司的经营，或者受到大股东、公司管理人员的蒙蔽而很少掌握公司的信息，反而处

---

〔1〕［美］米切尔·C. 詹森、威廉·H. 麦克林:“专门知识、一般知识和组织结构”，载［美］科斯、哈特、斯蒂格利茨:《契约经济学》，［瑞典］拉斯·沃因、汉斯·韦坎德编，李风圣主译，经济科学出版社 1999 年版，第 323 页。

于信息弱势地位。债权人和公司的普通员工则属于信息掌握得相对最少的两个群体。当然不排除个别情形下有的强势债权人和个别强势员工可能掌握较多的信息。这里面我们可以发现，在公司进入清算状态后，享有合法权利且最应该具有控制权的人群——债权人和公司员工掌握的信息却往往最少，从而很难真正实施控制权。而本应丧失部分甚至全部管理权的公司股东或者高层管理人员，却掌握了大量的公司关键信息。在公司可分财产有限的情况下，债权人和普通员工以及公司股东、经理层必然产生冲突，这种冲突既表现为对清算组控制权的争夺，也表现为对公司财产的争夺，甚至还有对公司关键经营信息的争夺。而且，由于公司司法清算的起因是公司僵局或者公司由于特殊原因发生无法正常运转下去的情况，如大股东逃逸等。在这种情况下，对于债权人、劳动债权人来说，最大的风险来自于对公司资产情况的不了解，以及对于是否资可抵债的不信任。这种不了解、不信任会导致利益冲突的加剧。

3. 法律制度的缺失

笔者在本书的导论中就曾经谈到，长期以来我国公司司法清算一直没有明确的法律规定。因此对于如何进行清算，尤其是司法清算一直处于无法可依的状态。经济学上将公司看作一系列合同的集合，如果这个合同是完备的，则应当对公司从创立到发展再到死亡的全过程进行描述并且规范，这种完备的合同将使公司彻底的实现自我运转。然而经济学也告诉我们，这种彻底的完备契约是不存在的，现实中大量存在的是不完备契约。其原因是人的有限理性和交易成本的存在。[1] 正是因为这种不完全契约的存在，所以很多原本可以通过契约安排的问题被遗漏。比如本书涉及的公司司法清算的问题。如果企业在设立之初就明确约定：倘使某日，公司僵局出现，无法继续经营，如何进行司法清算，则根本不需要法律，然而现实中做出这种约定的企业几乎没有。正因为如此，有学者提出了公司法的“公司合同的漏洞补充作用”，即公司法可以补充由于企业合同不完备而产生的漏洞。[2] 而如果连国家的相关法律都是缺失的，则意味着最后的补漏洞的机会都丧失了。

第四节　公司司法清算利益平衡的公共政策目标

公司司法清算作为市场经济社会的一个重要的经济活动，其本身应当具有较强的制度性特征，具体表现为法律性和政策性（公共政策性）。相对于法律的稳定性、长期性、原则性而言，公共政策主要表现为阶段性和可操作性。[3] 就公司司法清算制度而言，其政策性要远远大于法律性。这是由现阶段我国经济和社会发展仍然处于一个从计划经济向市场经济的转型期决定的。在这一转型期内，原有的计划经济的烙印仍然存在，而且在一些领域仍然一定程度地影响着人们的行为和思想，而

〔1〕［美］科斯、哈特、斯蒂格利茨：《契约经济学》，［瑞典］拉斯·沃因、汉斯·韦坎德编，李风圣主译，经济科学出版社1999年版，第15页。

〔2〕罗培新：《公司法的合同解释》，北京大学出版社2004年版，第77页。

〔3〕有的学者认为，政策包括法律，笔者认为似有不妥：一来制定机关不同，无法涵盖；二来其主要内容、目的均有较大的不同。

市场经济的思维模式也已经开始建立，与计划经济的思想交织，具体反映在政策的制定和执行上，可能导致反复和徘徊，甚至倒退。这一转型期又是一个新旧思想和制度碰撞交战，新的市场经济制度和思想不断战胜计划经济制度和思想的时代，这就决定了这一时期的政策的阶段性和多变性。我国《公司法》自1993年制定以来，在短短的十几年里就进行了三次的修订。其中2005年的修订是一次大规模的修订，几乎全部推倒重来。大法如此，各类实施条例、规章、办法的出台和修改更是不断。而熟悉中国法律的人几乎都知道，真正对当事人的权利义务产生重要影响的正是这些条例、规章和办法。而且，从司法层面来看，2005年修订的《公司法》出台以来，最高人民法院发布的系统的司法解释就有3部。这些司法解释从解释学的角度来看，早就超越了"解释"法律的层次，几乎成为一种新的立法行为。因此，在我国公司法领域，尽管整个规范的制定过程包括了人大立法、政府部门立法、最高司法机关的解释，但是从其实质来看，政策性远远大于法律性。本节正是在这一基础上，探讨公司司法清算制度的公共政策目标。

在探讨我国公司司法清算利益平衡的公共政策目标之前，有必要先对我国公司司法清算利益平衡的价值取向与现实基础作一分析和评述。

一、价值取向和现实基础

（一）价值取向

从广义上来说，任何制度的价值取向都可以概括为公平和效率，只不过是两者孰轻孰重、谁优先谁置后而已。公平是人类文明自产生以来几乎永恒的价值追求，从古代的亚里士多德到近代的洛克、伏尔泰、卢梭等，再到现代的罗尔斯，他们的代表性学说虽然仁智互见，但体现了人类对于公平价值理念的不懈追求。然而当人们在引用“公平”这一概念时，“他们通常都避免给出该概念的准确定义。相反，他们倾向于将它看作是不言自明的”[1]。效率是人类追求的另一类价值，尤其是进入近代社会以来，由于市场经济对于经济利益的崇拜，经济学家、法学家甚至哲学家们一直致力于从理论上阐释和发掘“效率”一词的内涵，笔者综合了各派经济学家对于“效率”一词的含义，发现这里的“效率”一般有两层含义：一层指的是“生产效率”，即“以最低的成本完成生产任务”[2]；另一层则指的是“分配效率”，即“关注资产是否被用于能使它们发挥最大价值的地方。如果是，则认为资产被有效地利用了”[3]。提高效率是立法者，尤其是商事立法者所不懈追求的重要目标之一。然而在公平和效率之间的优劣选择，即应当是“公平优先，兼顾效率”，还是“效率优先，兼顾公平”，则要根据具体的制度（政策或者法律）的特点，同时考虑适用范围内的现实情况来加以考量。

笔者认为，从目前我国公司法的运行环境和市场经济规范的发展情况来看，现阶段应以“公平优先，兼顾效率”为政策制定的价值取向。主要理由如下：

---

〔1〕［加］布赖恩·R. 柴芬斯：《公司法：理论、结构和运作》，林华伟、魏旻译，法律出版社2001年版，第153页。

〔2〕笔者认为，这里的成本应当包含时间成本。

〔3〕［加］布赖恩·R. 柴芬斯：《公司法：理论、结构和运作》，林华伟、魏旻译，法律出版社2001年版，第4页。

首先，从公司清算的功能和目的来看，让利益各方公平地获得受偿是首要的目的。公司清算“是一个固有的集体性程序，因为每个债权人在这个程序中，都被剥夺了单独和债务人达成还款协议的权利，而必须依靠这个集体性程序。”[1] 其主要功能概括起来就是理清公司账目，结清债权债务。公司在营业存续期间必然与其他主体之间发生业务往来，从而产生债权债务。一旦公司终止营业，退出市场，其必须在退出前将所欠债务结清。这是因为公司作为拟制的人，其不同于具有自然的生殖繁衍能力的自然人，没有继承人。因此如果不在公司彻底退出市场前结清债务，就可能发生日后无所追偿的局面，这就扰乱了正常的市场交易秩序，危害了交易安全。而公司的投资人，出于最大限度维护自身利益的考虑，一般也会在清算阶段将债权全部实现。而要实现上述功能和目的，就要尽量使得整个过程的权利义务人公平地享受权利、履行义务。让权利人得偿所愿而满足于结果，不再追究，同时债务人也基于法律和道德，心甘情愿地履行自己的义务，而不会因为过多的负担而埋怨。只有这样，一个公司才能够平稳地完成其消灭的程序，退出市场。如果其中发生任何的问题，则权利人或者是义务人都会为追求自己的利益而反抗，从而阻碍公司退出市场的进程，影响公司清算目的的实现。

与“公平”相比，“效率”的重要性则显得次后。无论是生产效率还是分配效率，其所关注的只是资产的分配是否能够得到更高的产出。而明显的是，公司清算的目的是公司平稳的退

[1] Andrew Keay, *The Law of Company Liquidation*, LBC Information Services, 1999, p. 1.

出市场，至于在此过程中的资产分配是否能够达到经济学上的最优，也就是“有效率的”相比而言就不是很重要了。

其次，从司法权力介入的目的来看，保证程序和结果的公平是权力运用的终极目的。公司的清算，其本质上是一种市场行为，属于私行为范畴，其核心是各方当事人的自愿。但是司法清算与自愿清算的最大区别在于作为公权力的司法权力对私行为的介入。这种介入应当具有其合法性和合理性，而这种合法性与合理性的基础就在于这种介入应当保证清算过程的程序和结果的公平。“法院在公司的清算中存在的理由只能是公正性和衡平。”〔1〕程序公平与市场的参与者协商和进行交易的过程相关联，而实体公平与交易结果和内容相关。为了维护这种公平，公权力才具有了介入私人交易行为的理由。早在 1951 年，英国上诉法院大法官库珀（James F. Cooper）就在埃尔德诉埃尔德·沃森公司（Elder v. Elder & Watson Ltd.）一案（该案涉及公司中被压制股东的救济问题）中说道：“事件的本质好像是被上诉的行为至少涉及对可见的公平交易的标准的背离和对平等对待的条件的违反，而这些标准和条件是每一位将他的钱投资于公司的股东都有权依赖的。”〔2〕从程序公平意义上看，公权力的介入主要是保证清算过程中的各项交易行为的自愿性，即“交易者应当有机会自由地和自愿地达成协议”〔3〕。此处的“交

〔1〕 Re Kalblue Pty. Ltd. （1994）12 ACLC 1057，1058.

〔2〕［加］布赖恩·R. 柴芬斯：《公司法：理论、结构和运作》，林华伟、魏旻译，法律出版社 2001 年版，第 153 页。

〔3〕 阿瑟利夫：“不合理和法典——皇帝的新条款”，载《佩斯大学法律评论》1967 年第 115 期，第 487 页，转引自［加］布赖恩·R. 柴芬斯：《公司法：理论、结构和运作》，林华伟、魏旻译，法律出版社 2001 年版，第 154 页。

易”应当包含了涉及财产分配的谈判、订约等一系列行为。而从实体意义上看，公权力的介入主要是确保分配的结果符合法律的规定，且对交易过程中侵权和违约行为进行救济。而相比之下，保证效率，也就是用公权力保证交易的尽快完成和资产分配更加有利于增值，则不应当是公权力介入的首要目的。有学者认为，所谓公平问题，即清算财产的合法、合理分配问题，应当通过债权人、股东之间的意思自治完成，而公权力不应当介入，即使介入，其目的也是提高效率，特别是加快进程。

最后，从我国社会传统的价值观来看，公平始终是最高的价值取向。正如苏力先生所言："社会活动中所需要的知识至少有很大一部分是具体的和地方性的。"〔1〕这一论断强调了本国传统对社会活动的影响。我国传统上历来就有“不患寡而患不均”的观点，表达了朴素的公平观，尽管这种公平看似只是平均主义的代名词。中国古代传统的“义利”之争则从一个侧面反映了我国古代正统的价值观。众所周知，中国古代的正统价值观是“重义轻利”。孔子就曾反复指出，君子和小人的主要区别之一，就是他们不同的义利观。所谓“君子喻于义，小人喻于利”。从孔子的义利观来看，这里的“义”就包含了公平分配的价值取向。因为孔子向来主张，在分配问题上，在统治者内部按照“礼”，即等级制度来分配，而在普通百姓中实行均平原则。〔2〕这种主张虽然主要目的是巩固统治阶级的统治秩序，但

〔1〕苏力:《法治及其本土化资源》，中国政法大学出版社 2004 年版，第 19 页。

〔2〕艾永明:“合理的外壳，不合理的内核——《论语》义利观及其现代意义简析”，载陈鹏生、［日］反町隆夫主编:《儒家义利观与市场经济》，上海社会科学院出版社 1996 年版，第 106 页。

也反映了公平分配在其思想中的重要地位。这种近似于均平化的公平观长期主导了我国传统的价值取向，至今还影响着我国国民的意识。进入市场经济社会以来，虽然“效率优先，兼顾公平”的资源配置和分配取向已经成为官方的原则，但不可否认的是，价值取向由于其本身带有较强的道德属性，因此往往较难通过官方的口号加以改变。当今社会，公平不公平，依然是一件涉及利益分配事件是否得到合理处置的主要评价标准，而人们不太会以分配结果是不是有利于资产的增值作为首要标准。即使在以追求资本的增值为主要价值取向的资本主义社会，法学家们也承认，当人们以大量的精力去追求财富的增加时，往往触及公众的道德标准，这已经成为公权力干预的重要理由。而这里的道德标准就是人们心里的公平观。

当然，笔者在此并非要否认效率在公司司法清算中的价值。相反，效率本身在公司法乃至整个商法法律规范中，一直是重要的价值之一。正如最高人民法院民二庭负责人在最高人民法院出台《公司法司法解释（二)》答记者问时所说的:“追求效率是公司清算的一个重要价值目标，严格而不失快捷地使已经出现解散事由的公司退出市场，一方面，可以将其给各方利益和社会利益造成的损失降低到最小，另一方面，在现代市场经济条件下，对于竞争中不再具有活力的公司，从经济学角度看，也需要通过合法途径尽快消灭原有法律关系，将原公司名下集合的各种生产要素和其他有效的社会资源解放出来，通过资本市场的优化组合，重归生产要素市场，使有限的社会资源得以充分利用，从而提高整个社会的经济效率。”[1] 从这段话可以看出，追求效率应当是公司清算的重要价值取向。问题在于在清算这样一个事务当中，尤其是在公权力介入的情况下，效率不应当凌驾于公平之上。有的学者认为，公权力的介入，只有一个目的就是效率，因为有关公平问题，即财产是否在各个当事人（债权人、债务人、股东）之间合法、合理地分配，应当是当事人意思自治所解决的，而公权力的介入，其目的只有一个，就是加快进程、提高效率。但是笔者认为，加快进程、提高效率固然是目的之一，但不是首要的，更不是唯一的目的，因为从现阶段来看，意思自治固然重要，但是面对清算过程中的种种困难，尤其是大股东的不作为和恣意的侵权，如何保证意思自治的实现，如何对各种不作为和侵权意图进行威慑，使其不能成为现实，则成为立法要解决的首要问题，当然也是公权力介入的首要目的。这正是司法清算与自愿清算的本质区别。况且在法律的价值体系中，各种价值要素的位阶是上下浮动的。在社会发展的每一个阶段和每个特定的时期，总是有一种价值处于首要地位，其他价值处于次要地位。但这绝不意味着该首要价值是排他的，次要价值是无关紧要的；不意味着首要价值在各个法律领域、法律运行的各个环节都是绝对优先的；更不意味着首要价值将持续第一，其他价值永居其后。[2] 公平与效率正是这样的关系。

---

〔1〕“规范审理公司解散和清算案件——最高人民法院民二庭负责人答记者问”，载法律快车网，最后访问日期：2008 年 11 月 18 日。

〔2〕张文显：《法哲学范畴研究》，中国政法大学出版社 2001 年版，第 189 页。

（二）现实状况

首先，从大的社会背景来看，我国目前正处在一个转型期。在这一转型期内机遇和挑战并存。虽然从总体来看，“机遇大于挑战”，但是不可否认的是这一时期的社会矛盾会随着改革的不断深入而渐渐积聚，并可能在局部爆发出来。前一个时期发生的贵州瓮安事件、四川省巴东县的大浴场女服务员邓玉娇过失致人死亡后引发的群体性事件，以及后来的吉林通钢在私有化过程中爆发的群体性事件，凡此种种，均反映出转型时期矛盾的尖锐和普遍。如果这种矛盾不能被有效地控制和化解，则有可能造成无辜群众的生命财产损失甚至影响当地经济社会的发展。因此，党中央国务院提出“稳定压倒一切”的方针政策，将维护社会稳定作为政府的第一要务，在前不久法院系统学习的“社会主义法治理念”中，维护社会稳定也是其中重要的内容。因此，从整个国家的政策体系来看，保持社会稳定成为政策制定和执行的重要出发点和目的。

其次，从我国的国民经济发展状况来看，虽然我国已经建立了市场经济体系，但依然属于发展中国家，社会财富依然有限。我国自1992年党的十四大以来，开始初步建立起社会主义市场经济体制。经过二十几年的探索和实践，市场经济的体制已经基本建立，市场已经成为资源配置的主要方式和手段。但是受我国人口多、底子薄的基本国情所囿，加之转型期局部体制的不顺畅，我国目前的经济发展水平依然远远落后于发达国家，而处于发展中国家行列，人均GDP和国民收入仍然处于世界后列。在这种情形下，国家和企业以及全体国民的财富积累依然不足，土地、厂房、设备、资金以及人力资源依然处于稀缺状态。因此，必须将已经有限的资源充分利用，使其物尽其用、人尽其才，而不应当让资源由于制度的缺失、公权力的缺位或者企业自身的原因而处于长期的闲置状态。

最后，从清算制度在我国大陆的存在情况来看，我国长期以来缺乏真正完备的清算机制，有关制度和意识严重缺失，导致权利人的利益无法得到有效保障。该点在导论中已有详细论述，此处不再赘述。

二、公司司法清算利益平衡公共政策目标的内容

在上述基础上，笔者认为，我国公司司法清算利益平衡的公共政策目标应当包括以下几点：

（一）维护社会和谐稳定

从整个宏观经济面来看，社会稳定是实现经济可持续增长的根本条件之一。没有社会的稳定，一切经济的增长、财富的增加、人民生活的改善都无从谈起。从微观层面来看，社会稳定是公司运作、治理、发展等其他目标实现的前提和基础。维护社会稳定实际就是维持一定的秩序。这里的秩序，是指社会关系的稳定性、结构的一致性、行为的规则性、进程的连续性、事件的可预测性以及人身财产的安全性。[1] 因此，作为公共政策而言，一般来说都会将维护社会稳定、防止社会动荡作为其目标，在我国的现实条件下更是如此。有的经济学家将影响社会稳定的因素归结为：腐败的加剧、收入差距的扩大、流动人

〔1〕 张文显：《法哲学范畴研究》，中国政法大学出版社 2001 年版，第 258 页。

口激增和失业现象日益严重。[1]

简单地从这四个方面来看，似乎公司的司法清算制度与之关联度不大。因为公司司法清算制度作为一项微观经济层面的制度，如果让其承担宏观经济政策所应当承担的责任，未免勉为其难。然而如果由于这一制度的缺失导致整个社会大量存在着股东携款潜逃，公司无法清算，或者是公司僵局导致公司无法经营，大量资产闲置浪费等现象，其就难免成为影响宏观经济和社会稳定的因子，因此有必要在微观经济政策的制定中考虑宏观因素。

具体来看，公司司法清算制度应该在减缓失业对社会的冲击、维持金融稳定和减少冲突等方面为维护社会稳定的政策目标做出贡献。首先是减缓失业对社会的冲击。就业是民生之本，失业是动荡之源。虽然公司司法清算不太可能主动对就业产生正向的促进作用，但是可以想方设法减缓失业对社会带来的冲击。诚然，清算和破产在终止公司方面的效果是一致的，也很难减少失业人数，但是通过一系列政策设计，可以尽量减缓失业对社会的冲击。其次是维持金融稳定。金融系统是现代经济的核心，从人类的经济实践经验来看，发达国家在稳定宏观经济、促进经济增长和就业、抑制通货膨胀等方面，都需要借助于功能强大的金融系统。发展中国家在力图加快经济发展，选择正确的发展战略时，也首先需要建立金融体系并使之完善。而转轨国家则更加需要完善的金融体系为经济的转型提供融资平台，为微观经济层面和社会保障体系提供资金支持。公司的

〔1〕 蔡昉、林毅夫：《中国经济》，中国财政经济出版社2003年版，第19页。

清算过程，从某种程度上说是用公司资产还债的过程，而这里的债很有可能是银行债务，即使是企业之间的债务，也可能间接涉及银行债务。而大量的公司清算将对维持金融稳定产生较大影响。最后是减少冲突。清算虽然不是破产，一般情况下公司资产足以偿付公司债务，但是考虑到我国目前个人财富和企业财富都有限，且在公司清算初期尚无法预料公司会否出现资不抵债的情况，因此债权人（包括劳动债权人）一般都会尽量先实现自己的那部分债权，这种争先恐后的行为非常容易引发大规模的抢夺。而根据我国转型期矛盾容易积聚、爆发的特点，这种无序的抢夺很容易引发骚乱，从而影响稳定。因此，公司的司法清算必须及时、有效、有序。这样才能减少冲突发生的可能性。

（二）保障社会公平的底线

这里的社会公平应当包含两个层面的概念：第一个层面即现实层面，也就是现实的社会公平，主要指现实状态下利益分配的过程和结果。第二个层面即心理层面，也就是长期存在于人们心中的公平的社会意识，主要指人们思想当中的对于公平概念的理解和信赖感，以及由此而产生的对“公平”理念的美好愿望和追求。这个是社会公平的“心理的要素”。[1] 这里的“心理的要素”，孙本书认为：“社会成立的重要条件，是个人与

〔1〕 我国著名社会学家孙本书教授曾经将支配人类生活的要素分为“消极限制的要素”和“积极活动的要素”。其中“消极限制的要素”包括“地理的要素”和“生物的要素”；“积极活动的要素”包括“心理的要素”和“文化的要素”。参见孙本书：《社会学ABC》，世界书局1931年版，第1章，转引自郑杭生：《社会学概论新修》（第3版），中国人民大学出版社2003年版，第26~27页。

个人间的行为。而个人与个人间的行为的情况，需视各个人的心理特质及当时环境的状况而定。因此，个人的心理特质，为决定个人与个人行为的条件，故亦为社会成立的一种重要基础。"[1] 从这两个层面的关系来看，第一个层面的"公平"是第二个层面的"公平"在现实中的体现，是思想层面的"公平"的现实外化。而第二个层面的"公平"是第一个层面的"公平"实现的内因，同时第一个层面的"公平"不断地反过来强化人们心目中"公平"的信念。而现实层面如果发生长期的"不公平"，则会扭曲人们心中原有的公平信念。人们心目中的"公平"信念如果长时期地被扭曲，则会动摇整个社会对"公平"的理解和信仰，从而动摇社会稳定的基础。因此，保障社会公平的底线，既是保障物质社会的稳定，更是保障了人们精神层面的价值观的正确性，而后者对于一个成熟的市民社会尤其重要。

对于一项制度来说，指望其在某一领域实现彻底的公正、公平，几乎是不可能的。我国目前的国情、法治环境、国民素质等最重要的内外部因素都决定了这一点，而且即使在法治发达国家，法律和公共政策也不可能承担这项功能。笔者认为，法律或者公共政策的目标应当是保障社会公平的底线，也就是人们在社会、经济生活中心里可以承受或能够认可"公平"阈值的下限，或者最低限度的社会公平。这里面既涉及程序，又

[1] 我国著名社会学家孙本书教授曾经将支配人类生活的要素分为"消极限制的要素"和"积极活动的要素"。其中"消极限制的要素"包括"地理的要素"和"生物的要素"；"积极活动的要素"包括"心理的要素"和"文化的要素"。参见孙本书：《社会学 ABC》，世界书局 1931 年版，第 1 章，转引自郑杭生：《社会学概论新修》（第 3 版），中国人民大学出版社 2003 年版，第 27 页。

涉及实体，既涉及实际效果，又涉及大众心理承受能力。从程序上看，法律或者公共政策至少应当体现以下几个效果，也就是政策的底线：其一，在程序进行后，蒙受不利结果的当事者由于程序的正当而接受不利后果；其二，对社会整体产生正向的激励，而不是负向的。为达到这两个效果，法定程序应当确保利害关系人参加，程序应当具备保证利害关系者实质性参与的所有要素，程序参加的结果应当公示。[1] 这一理论对于类似于破产、强制清算等程序尤其重要，因为在这些程序中，利害关系人有可能蒙受损失。此时与其说需要国家公权力通过法定程序来实现财产分配的正义，不如说是通过国家公权力的介入，使得已经蒙受损失的当事人在参与了程序后，自愿接受哪怕是蒙受了损失的后果而不再纠缠。要做到这点，必须在程序中保证所有人平等的知情权、参与权、表达权和选举权，而且程序本身应该公开透明。从实体上看，主要涉及分配公平问题，主要问题是：受偿顺位的安排，集中偿债中同顺位债权的分配原则以及对怠于甚至逃避履行义务的人的惩罚措施。如果解决了上述问题，无论是当事人还是案外人都会对制度的公正性不持异议。如果打破了上述几个条件，则无法使人对过程和结果信服，这就说明突破了公众心理承受能力的底线。

具体来说，第一个层面（现实层面）的公平底线主要体现在交易秩序的稳定性上。秩序的存在是人类一切活动的必要前提，而公共政策和法律本身就是秩序的象征，同时是建立和维护秩序的手段。马克思曾把秩序描述为：一定的物质的、精神

---

〔1〕［日］谷口安平：《程序的正义与诉讼》，王亚新、刘荣军译，中国政法大学出版社 1996 年版，第 1 页。

的生产方式和生活方式的社会固定形式。[1] 按照博登海默的理论，秩序就是一种在自然进程和社会进程中都存在的一致性、确定性和连续性。[2] 而这种一致性、确定性和连续性必须带给人们安全和信心，这种秩序才是有价值的。人类社会从奴隶制到封建制再到资本主义社会，每一种社会形态都有其秩序，而只有遵循了平等、公正等近现代价值观建立起来的秩序才是真正符合人性的、促进社会和谐发展的、促进人的发展的秩序。

在交易秩序的诸多特性中，稳定性是最基本的，也是最重要的，体现了社会公平的底线。这是因为从秩序的内在特性来看，稳定性是其最根本的特征，无稳定性，就无“秩序”，只有混乱。从秩序存在的价值来看，就是要用秩序的稳定，保证社会的稳定和交易的顺利进行。而且，秩序的稳定本身又反映了市场主体对于现存秩序的满意和遵守程度。公司的清算过程虽然与一般意义的市场交易不同，但究其本质，整个清算过程其实就是一个集中偿债的过程，而偿债，即债务履行本身就是债权人和债务人的一种交易。而且因为涉及各类主体，因此还可能发生各类债权人之间的交易。这里的交易秩序其实就包含了整个偿债过程的稳定性，权利—义务结构的一致性，各类人员行为的规则性，整个清算程序进程的连续性，结果的可预测性，以及整个清算过程中人身财产的安全性。而偿债过程的稳定性则是后续几个问题的关键前提和基础。为了确保交易秩序的稳定性，就必须保证程序的参与者的基本权利，比如债权人会议

〔1〕 张文显：《法哲学范畴研究》，中国政法大学出版社 2001 年版，第 196 页。

〔2〕 [美] E. 博登海默：《法理学：法律哲学与法律方法》，邓正来译，中国政法大学出版社 1999 年版，第 219 页。

的实质性参与权、知情权等。除此之外，还应当提供一些保护性规定，如对违法清算或者怠于清算的清算义务人的法律惩罚措施等。因为只有保证了参与人的基本权利，并且对最基本的侵权行为进行了惩罚，才能够使整个交易秩序有基本的架构，且会使整个程序的参与人有一个稳定的心理预期，自愿参与程序，从而实现整个交易秩序的稳定。

第二个层面的公平主要体现在社会诚信度和社会责任感方面：

首先是社会诚信度的维持。诚信对于市场交易的双方的重要性自不待言，而对于一个社会来说，诚信度则是社会成员整体在诚实信用方面所达到的水准。一个社会的诚信度是衡量其社会成员的信用程度、道德水准的重要标尺，是衡量市民社会发展程度的重要尺度，同时也是外部人在考虑与其成员进行交易时所要考察的重点方面。社会诚信度当然是社会公平的重要内容之一。试想一下，一个没有诚信的社会，怎会有公平存在。作为公共政策的公司司法清算制度，则要在制定过程中考虑如何使得该清算制度给参与清算的主体以一个正向的激励和指引，让他们在参与清算过程中始终恪守诚信，并坚信只有这样，才能使自己的利益最大化。同时使他们树立社会诚信度的维持和提高，取决于每一个参与人自身的诚信程度的理念。这就要求在政策制定中，不仅要对诚信的参与人以鼓励，更要对不诚信的参与人以特别的惩罚（如法人人格否认制度的适用）和对因为他人的不诚信而受害的参与人以强有力的救济。

其次是社会责任感的建立和维持。之所以把社会责任感作为社会公平底线的一个重要内容，是因为社会责任感往往表征了在一定的社会生活中，为了维护正常的社会生活秩序，全体社会成员应当对社会和他人负责的一些最基本、最起码的公共生活准则。社会责任感维系着社会的公平底线，因为社会公平底线是一个社会最主要的主流价值观之一，维系着社会共同体中最大多数人共同的价值取向。而人是社会的存在物，人要在社会中生活，就必须遵循社会组织为维持一定的社会秩序而建立的各种社会规范，其中社会责任感是最普遍的、最广泛的、渗透性最强的社会规范。因此，社会责任感是维持社会公平底线的重要规范手段。同时，作为社会成员的一种自主的道德选择，社会责任感旨在维护社会的稳定发展，而社会的稳定发展离不开社会公平底线的建立和维持，因此社会成员在按照自己的社会责任感行事的时候，这个社会的公平底线也就不自觉地显露出来了。

（三）实现对资源高效利用

公司清算的一个重要目的是对原公司的财产进行分配，从而实现对资源的利用。我国作为一个仍处于社会主义初级阶段的发展中大国，各种资源相对匮乏，因此对于已经无法继续创造新的价值的公司，如何将其所占有的资源高效地重新分配，从而迅速创造新的价值，既是公权力介入的理由之一，更是公司司法清算制度的重要政策目标。而且，公司法作为最重要的商法部门法，高效地利用社会资源也是其重要的立法目的之一。这其中隐含了两个规则：第一是保护存量财产，使之不至于因为公司的运营停滞或清算而减少；第二是在前一点的前提下高效地进行财产分配，创造新的价值。就第一点来说，由于公司清算必然意味着公司运营的停滞，也就是公司资产暂时丧失了自我增值的功能。在这种情况下，必须首先保证公司财产在整个清算过程中，相对于某一个时点来说，没有减少。这个时点应当是宣布清算开始的时候。而就第二点来说，应当充分发挥公权力的作用，高效地将被清算财产分配给参与清算的各方，使之尽快脱离已经丧失了经营能力的旧的物主，而在新的物主那里重新发挥作用。

具体来说，贯彻第一个规则的措施可以包括：①及时启动清算。在公司无法正常经营的情况下，越早清算，则越能保全现有的存量财产，避免财产的非法转移，也能够防止财产因其他合法交易而减损。②清算义务人法定。通过法律的方式明确清算义务人，既可以防止推诿扯皮而导致的清算不及时，从而引发财产损失，也可以通过确定法定义务的方式，强迫义务人履行清算义务，确保清算的及时进行。③财产价值的确定尽量采取拍卖方式进行，以最大限度增加财产的价值。④强化股东出资不实的法律责任，将股东尚未缴纳的出资纳入到清算财产中来，并且在资不抵债时，追究出资不实股东的连带赔偿责任。

贯彻第二个规则的措施可以包括：①债权优先于股东财产分配，也就是说必须在清偿所有已知债权后，如有剩余财产才可由股东分配；②充分考虑清算费用（包括清偿费用），如果一项被清算公司的债权追讨费用大于债权本身，则可以考虑不予追讨；③一旦发现资不抵债，及时申请破产清算；④明确清算期限，避免清算过程久拖不决。

本章小结

本章主要对公司司法清算利益平衡的一些基本理论问题进行研究和阐明，为进一步的研究打下基础。本章首先从民法和公司法角度对公司清算的内涵进行了解释，继而介绍了利益平衡理论的基本框架和内容。在上述基础上，对公司司法清算过程中的主要利益主体进行了逐个研究，并对它们之间的冲突进行了分析。

本章提出，从民法学角度解释公司清算的内涵应当以法人的本质为起点。在法人本质问题上，历来有“法人实在说”和“法人拟制说”两种。本书认为“法人实在说”从方法论上有先天的不足，在理论上面临着与人格的价值和目的相冲突的问题；在现实中也面临着一些困境。而“法人拟制说”更加符合法人的本质。由“法人拟制说”导出的“代理说”明确了法人机关与法人的关系，即董事会、监事会和经理对公司进行代理，行使权利，履行义务。而进入清算阶段，原来的董事会、监事会和经理进行的代理依法变更为由股东、人民法院和清算组的代理（非破产清算）。因此，从民法角度看，公司清算的内涵可以解释为公司代理机构的法定变更。这种变更的事由法定，变更的方式可能是意思自治或者强制，变更的内容是代理主体的变更以及代理内容的变更，而变更的目的则是了结债权债务，使公司平稳退出市场。

从公司法角度解释公司清算的内涵，本章使用的理论工具是“企业契约”理论。根据该理论，公司由各种契约组成，公司治理和运营的过程是合同履行的过程。公司应当首先保证既定契约的履行。由于组成公司的契约是“不完备契约”，因此在履行既定契约之后是否存在“剩余”并不确定。公司的控制权归属应当与公司剩余控制权相一致。在公司解散之后，如果是破产清算，则控制权应当归于债权人。如果是非破产清算，则在股东自愿履行清算义务的情况下，清算的控制权应当归于股东。如果股东不履行法定清算义务，则视为其对与国家的既定契约的违反，同时侵害了其他利益相关人的利益。此时国家可以代表各利益相关人主持清算，但是该权力应当和其他利益相关人共同行使。因此，公司清算可以解释为公司控制权根据“剩余”不同而在不同主体间进行的转换。

在讨论了公司清算的内涵之后，本章接下来对利益平衡在法学上的重要意义进行了讨论，并结合导论中介绍的“利益相关人”理论，对利益平衡在公司法上的适用进行了理论上的初步探讨，认为从法学角度来看，法律的重要目的和作用就是要调和、平衡各方的利益，尽量减少因为利益冲突而引发的各类社会矛盾和冲突，实现社会的和谐稳定。公司法上的利益相关人包括债权人、公司员工、公司所在的社区居民、供应商、消费者等。因此在公司法领域，无论是立法还是司法，都应当考虑上述利益相关人的利益平衡。利益平衡理论与公司法学中的“社会责任”理论在价值取向和理论渊源上有较多的相似之处，两者都认为公司不是只考虑股东利益，还要考虑其他利益相关人的利益。通过对两种理论的比较和考察，结合对公司清算内涵的分析，笔者认为，这两种理论的运用，应当根据公司发展的具体阶段不同而有所调整。在公司正常经营阶段，应当以鼓励和保护股东利益为主，适当考虑其他利益主体的利益；而在公司清算阶段，则应当优先考虑其他利益相关人的利益和社会公共利益。

在上述理论基础上，本章分析了公司司法清算中各利益相关者的冲突。在公司司法清算中，主要存在着以下一些利益冲突：①个人利益与公司利益、社会公共利益的冲突；②财产性利益与非财产性利益的冲突；③偿还性利益与非偿还性利益的冲突；④财产性（偿还性）利益之间的冲突。上述利益冲突产生的原因是：公司财产的有限性、利益相关人信息的不对称性和相关法律制度的缺失。

本章最后提出了公司司法清算利益平衡的公共政策目标。确立该目标必须考虑公司司法清算的价值取向和现实基础。我国公司司法清算应当确立“公平优先，兼顾效率”的价值取向。这是由公司清算的功能和目的、司法权力介入的目的和我国传统社会的价值观所决定的。我国目前的公司司法清算利益平衡的公共政策目标应当是：①维护社会和谐稳定；②保障社会公平的底线；③实现对资源的高效利用。

第二章 公司治理视野下司法权力对公司清算的干预

第一节 公司治理的特征和基本模式

一、公司治理的特征

公司治理最早是微观经济学名词。经济学家对于公司治理的范畴研究一般集中在公司出资人和经理人之间的关系及其在公司中的体现——公司权力（运行）架构方面。同时，经济学家对于公司治理的研究重点往往集中在股东、董事会、监事会以及经理层的关系上，比较多地涉及一些具体的问题。笔者认为，上述研究存在两个方面的问题：其一，虽然对这种关系的研究本身也是对于制度的研究，但更多的是对某个局部问题的探讨，较少从公司治理的整体制度层面进行深入而广泛的研究。这一方面与我国公司制度尚未完全建立，尚不具备进行整体研究的条件有关；另一方面，也和我国公司法学研究滞后有关。

其二，无论是从“公司治理”文义来看，还是从现实的公司治理实践来看，公司治理应当贯穿于公司存续的整个过程，也就是说，只要公司没有终止，公司治理就存在。因此，即使公司进入了清算状态（包括破产清算和非破产清算），也一样存在公司治理，只不过其模式发生了变化而已。在后者状态下，公司的权力架构发生了显著的变化，原有的治理架构被彻底打破，转而形成另一种架构。然而无法否认的是，此时公司治理仍然在进行当中。因此，公司治理的范畴不仅仅包括公司正常运营情况下的治理，即常态下的治理，还包括进入清算状态下的治理，即非常态下的治理。许多学者都只重视常态下的公司治理而忽视非常态下的公司治理，在讨论公司治理时，把公司治理等同于常态下的公司治理。鉴于此种情形，笔者认为，可以将常态下的公司治理作为狭义的公司治理，而把常态和非常态公司治理统称为广义的公司治理。

从经济学和法学研究的成果来看，公司治理具有以下几个特征：

1. 公司治理的主要理论起点是公司所有权与经营权的分离

理论界认为，有关企业所有权与经营权分离的主要理论起点是1932年贝利（Berle）和梅恩斯（Means）的论文“现代公司与私有财产权”的发表。在该文中，作者指出，“由于公司所有权广泛地分散，引发公司控制权逐渐与其所有权相分离，以至于公司将不再为其股东所控制，而是由管理层来掌握”[1]。

---

〔1〕 Cary and Eisenberg, *Corporations Cases and Materials*, 7th ed., The Foundation Press, 1995, pp. 241～242，转引自虞政平：“构建中国多元化公司治理结构新模式”，载《中外法学》2008年第1期，第67页。

公司的投资人将自己的财产投入到公司中，形成了法人财产，投资人就丧失了对财产的所有权，换得的是公司的股权。同时，股东不直接经营企业，而是选举产生董事会，由董事会聘请懂得经营的专业人士作为经理层对公司进行直接的管理。这样既满足了公司对资本的需求，也满足了公司对经营人才的需求，同时对公司权利形成了一种相互制衡的架构。[1]

2. 公司治理的基础是公司内部权利的合理分配与制衡

此处讨论的公司治理的基础，即是静态意义的公司治理，即公司治理结构。前文已述，公司治理结构就是一种公司内部权利的分配体制，其目的就是形成公司权利合理分配、相互制衡的架构。而这种架构的形成，正是实施公司治理的基础。

3. 公司治理的内容是通过权利、义务、责任的设定和实施，对公司的运行进行管理

前文已述，公司治理不仅是一种静态的架构，更是一个动态的过程。如何实施公司治理，则要通过对公司架构中的各个组成部分，即各个职位设定具体而明确的权利、义务和责任，使每个职位上的人都能各司其职，尽心尽责，只有这样才能保证公司治理的顺利进行。

---

〔1〕 但是，需要特别指出的是，公司所有权与经营权相分离乃是克服股东自身缺乏管理专业知识的无奈之举，虽然分离可以引入专业人才，但是带来了代理成本。公司法在很大程度上就是规制公司经理层，也即代理人的私利性的。如果股东自身能够妥善地经营企业，根本无须进行所有权和经营权的分离，也省却了代理成本。当然，这种治理模式一般适用于规模较小、股权集中的公司，一旦股权分散，规模越来越大，这种模式就很难为继了。

二、公司治理的基本模式

有学者认为，目前世界上主要的公司治理模式包括双层制和单层制。双层制模式主要流行于大陆法系国家。这种模式的特点是股东会、董事会、监事会组成双层关系架构而对公司进行治理。如果细分，双层制还可以分为德国模式、日本模式和法国模式。德国模式又称为双层垂直模式，其特点在于由股东和部分职工代表组成监事会，由监事会产生董事会，从而形成垂直的治理结构。日本模式又称为并列双层模式，其特点在于由股东会产生董事会和监事会，董事会和监事会均对股东会负责。此种模式下，董事会和监事会处于并列状态。法国模式又称为单双层选择模式（混合治理模式），即允许公司在单层和双层治理模式之间进行选择，如果选择了双层模式，则须按照德国模式进行。单层模式主要流行于英美法系国家。其特点是公司中仅存在股东会和董事会两个机构，形成单层关系对公司进行治理。

这两种模式的形成主要来自于各自法系的影响。法系是由于传统不同而对各国法律的分类。由于传统的不同，不同法系的法律对于公司治理的模式规定也有所不同。另外需要指出的是，上述公司治理模式的分类，主要是对股份公司而言的。因为股份公司（尤其是上市公司）股本大，涉及股东、债权人、债务人人数众多，对地区乃至国家经济有较大的影响，因此各国法律均对其治理模式进行了严格的规定。相比之下，更加灵活、小型的有限责任公司，在全世界范围内仍然存在着其他治理模式。如《德国有限责任公司法》第52条规定，有限责任公司的监事会可以按照章程的规定自由决定是否设置，除非存在符合《参与决定法》等规定的强制要求职工参与公司管理的情形。[1] 法国则允许有限公司的股东担任公司经理。[2] 而日本2006年修订后的公司法则取消了设置董事和监察人的强制性规定，甚至在第590条明文规定，公司业务原则上由社员（股东）执行。[3] 此外，各国对于有限责任公司的治理模式还有其他的一些特殊规定。以德国为例，除了《共同决定法》中强制要求职工参与监事会管理外，还规定了国有企业的高层管理人员，尤其是董事长、副董事长直接由内阁主管部长任命，其工资待遇由主管部长和财政部长协商确定等。

综上，世界各国对于公司治理的模式，除了对于股份有限公司有较为严格的规定外，对有限责任公司的规定则较为宽松，公司自身的自由度较高。因此，公司治理可以看作是在法定框架下的公司内部的意思自治。

第二节　司法介入公司清算

一、司法权力的特殊性

西方国家一般把公权力干预私法领域的方式分为：行政中

〔1〕 虞政平："构建中国多元化公司治理结构新模式"，载《中外法学》2008年第1期，第69页。

〔2〕 卞耀武主编：《法国公司法规范》，李萍译，法律出版社1999年版，第41页。

〔3〕 王保树主编：《最新日本公司法》，于敏、杨东译，法律出版社2006年版，第315页。

心主义和法院中心主义。所谓行政中心主义，是指由行政机关主动介入私法领域，保护当事人权利。所谓法院中心主义，是指法院依照不告不理的原则，对私法领域的当事人的合法权利进行事后的救济和保护。这两者相比较而言，西方发达的市场经济国家一般采用法院中心主义，如美国《示范商事公司法》，这与西方制度中司法系统的特征有关。在西方政治制度中，一般而言，解决纠纷的系统包括三个：市场、政府和法院。在这三个系统中，市场是最基础的，用以解决一般的竞争性的矛盾和纠纷，政府则主要通过发布规范性文件的方式，解决普遍存在的且利用市场机制无法自动解决的问题。而以法院为代表的司法系统则解决个别的矛盾冲突以及成文法尚未覆盖的问题。较之前两种系统，司法系统自身的特点在于：首先，司法系统相对市场和政府而言，规模小得多，这是由于其相对独立，每一个司法机构所拥有的资源较少，而且法院系统不像政府系统一样具有天然的自我膨胀性；其次，司法系统和其他两个系统相比，具有较强的独立性，不像政府系统和市场体系那样受到社会各界的影响较大；最后，司法系统的“参与”需要遵循较为复杂的程序规定，或者说与其他两个系统相比，更加注重程序。[1] 上述的三个特征直接导致了司法裁判结果存在着以下特点：一是公正性较强。由于司法系统的独立性较强，法官或者合议庭具有独立判决而不受外界干扰的权力（至少法律上是这样规定的），因此，司法判决一般较为公正。二是影响范围不大。虽然就英美法来说，一个判决一旦成为判例，则会影响之

〔1〕［美］尼尔·K. 考默萨：《法律的限度——法治、权利的供给与需求》，申卫星、王琦译，商务印书馆2007年版，第36页。

后的类似案件的处理，但是毕竟比起成文法来说，影响力要小得多，而且能够成为判例的案件本身所占的比例也不大，这就有利于对个案矛盾的解决。

然而，司法的上述特点，从另一个方面也对司法系统自身提出了一些特殊的高要求。

首先是对司法系统的要求。司法系统作为一个整体，承载着维持整个社会终极公平底线的任务。因此，司法系统必须维持其独立性，尽量不受外界的干扰，以独立的姿态和身份处理各类案件。如果司法系统整体缺乏独立性，那就根本没有法官审理案件的公正性可言了。由独立性还可以引申出司法系统的与时俱进的特征。所谓司法系统的与时俱进，是指司法系统应该敢于接受社会新的思潮，敢于对旧有的法律提出挑战，来应对层出不穷的新型社会矛盾，不泥古、不拘束，大胆地处理案件。

其次是对法官自身的要求。法官是司法系统中最为重要的一个群体。“徒法不足以自行。”无论是成文法还是判例法，其对社会的作用在很大程度上来自于法官对法律的适用。对于法官的要求一般来自两个方面：道德和专业。从道德方面来说，法官要具有一个社会中最高的道德水准，并且尽量和其他各界有较少的联系。“司法系统的成员，在其职业生涯中，几乎没有与商界有直接的联系的。”[1] 从专业方面来说，法官应该具有良好的法律职业素养和深厚的法律知识底蕴，这样才能保证他们正确地运用法律知识审理案件，作出符合法律的裁决。除了道

---

〔1〕［加］布莱恩·柴芬斯：《公司法：理论、结构和运作》，林华伟、魏旻译，法律出版社2001年版，第334页。

德和专业要求外，甚至还有对政治形势的正确研判能力的要求。[1] 西方成熟市场经济国家一般都具有一支高素质的法官队伍，比如美国的法官一般都有长期担任出庭律师的经历，拥有美国（也有可能是全世界）最发达的公司法司法系统的内华达州则最为明显。由于大量的美国公司注册在该州，因此该州的法官往往处理了大量的公司法案件，这就保证了该州的法官往往都在公司法方面有较强的专业素养和现成的经验，能够保证案件的公正处理。

最后是对一国法律体系的要求。如果要让司法系统充分发挥其作用，必须使得该国的法律是一个统一的系统，法律和法律之间、上位法和下位法之间都有明确的秩序。法律之间尽量没有冲突，法律法规的位阶清晰，这样才能保证法官能够正确地处理案件。

而对照上述要求，我国司法系统在司法系统和法官的独立性方面、司法的非行政化倾向方面、法官的道德修养和专业素养方面都有不小的差距。

二、司法介入公司清算的维度

学界对于司法介入公司自治的研究不可谓不丰富。总的来说，学界对于摒弃那种司法权力不干涉公司自治的观点已经达成共识，认为通过司法机制的干预能够促进公司治理的改善。在此理论前提下，有学者认为，司法权力介入公司治理的本质是司法对公司自治的调节。主要理由是，“随着旧有的内部平衡

---

〔1〕 实际上，对于政治形势的研判，是一个法官应当具备的重要素质之一，美国2000年大选的例子就充分说明了这一问题。

被打破，各利益主体之间的激烈冲突将会不可避免，此时，外部力量的介入对实现各方利益主体的和谐共处和公司顺畅发展就不可或缺”[1]。也有学者从“公司合同理论”的视角，提出司法介入公司运作的合理性在于“弥补合同‘缝隙’”。其理由在于，公司作为合同的联结，这其中的合同并不是一般意义上的合同，而是一种长期合同，这种长期合同本身就存在着“合意漏洞”，需要司法权力去弥补。另外，根据“交易假设”观点，“当一项合约遗漏了某些条款而显得不尽完备时，法院应当试图发现。这种以事后眼光来弥补事先的缺漏，可以认为是‘理性默示着同意’”[2]。还有的学者在2008年发生的华尔街金融危机的背景下对司法介入公司治理进行了探讨。作者把金融危机背景下如何健全公司高管的问责机制作为切入点，结合外国的经验和本国实际，提出：“公司治理的法秩序实现是公司自治和国家强制（立法规制、司法介入）的统一。司法介入公司治理本质上体现为对公司自治的一种国家意志之矫正。”[3] 然而，学术界虽然对司法权力介入公司自治的本质和目的有不同的表述，但是有两点基本达成共识：司法权力介入公司治理的正当性以及促进利益平衡的目的性，只是对如何介入有着不同的理解。也就是说，司法权力如何矫正或者弥补公司自治中的利益失衡问题，如何对“合同缝隙”进行弥补，如何实现对公

---

〔1〕 刘桂清：“公司治理的司法保障——司法介入公司治理的法理分析”，载《现代法学》2005年第4期，第136页。

〔2〕 罗培新：“填补公司合同‘缝隙’——司法介入公司运作的一个分析框架”，载《北京大学学报（哲学社会科学版）》2007年第1期，第124页。

〔3〕 官欣荣：“我国司法介入公司治理的迷惑及对策——华尔街金融危机背景下的新思考”，载《政法论坛》2009年第4期，第124页。

司自治的调节，这些才是困扰法学界和实务界的难题。上述这些问题，其实可以归结为司法介入公司治理的“度”的问题，而这个问题，同时也是国家强制和私法自治的界限在公司治理领域的体现。江平教授就曾经指出：“国家强制和私法自治的界限究竟在哪里，这是一个很难解决的问题。在合同法、公司法和证券法中就有很大的不同；在中国和西方发达国家也有很大的不同；在中国市场经济发展不同阶段也有很大的不同。”〔1〕囿于本书主题所限，本书讨论的范围仅限于司法介入公司清算的“度”的问题。

在讨论上述问题之前，必须先行探讨司法权力自身的限度问题。司法权力的限度就是司法权运作的范围或边界。这一概念隐含了一个前提，即司法能够解决的问题是有限的。因此立法机构在授予司法权时，司法机构在运用司法权时，都需要把握住这个限度。从宏观上说，司法权力运作的边界，主要取决于该国国家权力的分工问题。在西方国家，这一问题就是一国宪法所规定的该国立法、行政、司法三大权力的界限问题。而具体到某一领域，甚至某一案件，司法权的边界表现为：①可以被法院受理并作出裁决的案件的范围；②法官解释法律或“法官造法”的空间，即司法能动性及其限度。〔2〕

司法介入公司清算的维度之一：公司清算是否“可诉”。这一问题可以从“实质上的可诉性”与“形式上的可诉性”两个

---

〔1〕 邓辉：《论公司法中的国家强制》，中国政法大学出版社2004年版，序言第1页。

〔2〕 吴英姿：“司法的限度：在司法能动与司法克制之间”，载《法学研究》2009年第5期，第112页。

层面进行讨论。从实质层面来说，即一国法律是否允许法院处理该类案件。通常认为，司法权力的作用就是解决争议，因此“诉讼”一词往往被解释为通过法院解决争议的过程。但是，大陆法系普遍都在民事诉讼法中设置了两大类“诉讼”程序，即用以解决争议的一般程序和特别程序。也就是说，不能将民事诉讼的概念仅仅局限于“诉讼”二字，还应当包括“非讼”程序，即特别程序。这种“非讼”程序一般不具有明显的对立性的利益冲突，而是需要对某一个体或群体的事务进行法律上的确认、监督、命令。比如我国民事诉讼法中的督促程序、公示催告程序等。有的学者提出：“诉讼的裁判是适用法规预先抽象的规定下来的内容以解决纠纷，与此相对，在非讼案件中，国家就是直接介入私人之间生活关系而作出命令，进行处分。”〔1〕因此，在讨论“可诉”与否时，已经不能够仅仅将范畴局限于解决对立性利益冲突的、具有明显两造的狭义“诉讼”，而应当包括前述的“非讼”程序。当然，有一点需要明确，无论是从立法法角度，还是从现实角度，对于一类案件或者纠纷能否成为司法权力处理的对象，其本身是一个必须由国家立法规定的事项。大陆法系的主要国家，如日本、德国等国家一般都在民事诉讼法之外另行制定非讼程序法，而且还将非讼程序分为民事特别程序和商事特别程序。其中商事特别程序基本上都是和公司法有关的内容，比如公司解散、股东大会的召集等。而我国尚未明确是采取民商合一还是民商分立的立法体系，许多商事类的非讼案件也没有规定在《民事诉讼法》中。立法部门解

〔1〕 刘桂清：“公司治理的司法保障——司法介入公司治理的法理分析”，载《现代法学》2005 年第 4 期，第 137 页。

决这一问题的做法，一般是在公司法、证券法、破产法等商事实体法中规定一些诉讼或者非讼程序。但是受法律自身性质所限，除了破产法之外，其他的商事实体法只能规定这些程序的一般性规则。比如对于公司清算程序，公司法只安排了9条内容，远远不能满足现实的需要。因此，往往需要司法解释加以规范。考虑到我国司法解释的特殊性质，其效力基本上与法律本身相同（某些情形下，司法解释甚至可以突破法律）。从这个意义上说，我国法律认可了公司清算的可诉性。当然，笔者这样表述，并不是说立法认可是该问题具有实质上的可诉性的唯一条件，而是说，在理论和实践上，司法权力都具备了处理公司清算问题的条件。现实中有这样的需要，然后才由立法加以确认，这符合立法的一般逻辑。

形式上的可诉性是指该国法律对于法院受理该类案件，所设置的审查标准如何。从外国立法来看，对于公司法的案件是否可以受理的审查，一般都采取了形式审查的方式。如美国，实行的是立案登记制度，即由法官对于案件能否获得实质性的处理进行考察后，进行决断。而审查的标准一般是：是否有权利产生的争议、争议是否可以通过司法解决、是否穷尽了公司内部的救济机制等。显然，这些条件都属于形式审查的条件。又如德国，一般就对案件能否保证送达当事人、案件是否已经得到处理等方面进行审查，而不再对其他问题作进一步实质性审查。[1] 从我国实际情况来看，公司纠纷大量存在，而法院又是相对独立的能够解决该类纠纷的主要机构之一，因此不应当

---

〔1〕 傅郁林：“建构公司法案件特别程序的初步思路”，载《人民法院报》2008年5月15日。

从形式要件上抬高受理的标准，而应当借鉴上述发达国家的做法，采取仅对案件能否受理进行形式审查的方式，使公司案件在形式上达到可诉。

司法介入公司清算的维度之二：司法在解决非对立型纠纷时主观能动性的发挥。前文对民事诉讼中的两大诉讼类型作了区分，其中大量的公司类案件属于非讼案件，即不存在传统意义上的原被告，利益（请求）并非对立的案件。公司清算案件即为典型的非讼案件，而解决此类非利益对立型的非讼案件，有什么限制？司法权力介入的底线在哪里？传统的两造型的争讼类案件诉讼法早有明文规定，即民事诉讼法规定的民事诉讼的受理条件：明确的双方当事人、明确的争讼标的、适当的法院。应当说，这就是法院受理此类案件的限度和边界。法院的处理方式则是通过提出请求、陈述理由、双方举证、法庭辩论，最后作出书面裁决的形式进行。相比之下，由于程序设置的目的和实际的功能不同，非讼案件更加注重法官的主观能动性的发挥。也就是说，在处理过程中，法官不能在“当事人主义”的窠臼中单纯地、被动地听取当事人的陈述和对证据审查后，作出裁判。“非讼程序的建构更多地倾向于采纳职权干预主义”〔1〕，非讼程序的法官应当在有关法律事实的真实性、合法性以及当事人意思表示的真实性等方面，主动有所作为，进行审查。

公司司法清算案件有以下几个特点：其一，其利益冲突不仅包含了纯粹的财产性（偿还性）利益的冲突，还包含了财产

〔1〕 齐树洁：《民事程序法》，厦门大学出版社1998年版，第219页。

性利益和非财产性利益之间的冲突；不仅包含了私利益之间的冲突，还包含了私利益和公共利益、国家利益之间的冲突。其二，从利益冲突发生的原因来看，在很大程度上不是因为公司财产无法满足全部的债权，而是因为利益相关人对清算过程的权利分配不满、信息不对称等。其中最大的冲突诱因在于公司清算义务人不履行清算义务，导致公司无法清算，利益相关人的合法权利得不到清偿。其三，从法律赋予司法机关在司法清算中的权力和地位来看，从受理解散申请开始，到组建清算组，再到最后批准清算方案，司法权力的运用贯穿始终，而且均运用在关键之处，这充分体现了在司法清算中，司法的组织和监督作用。

考虑到上述特点，司法机关应当抓住冲突产生的关键原因，在保障利益相关人（尤其是债权人）的合法权利（力）、保障各方信息充分、监督清算组公正公开地执行法定义务方面加大审查的力度，充分发挥司法机关的职权以及主观能动性，而不能仅仅只是进行形式上的审查。必要时，可以由有关当事人进行陈述，或者以听证会的形式进行。而且对于清算义务人不履行清算义务导致清算无法进行的情况，法院更加应当加大制约和打击力度，除了民事手段外，还可以动用行政和司法措施，甚至刑事手段。对于一些属于清算组、债权人自我管理、谈判博弈等方面的问题，则应当进行形式审查，充分尊重当事人的意思自治。当然，所谓加大审查力度，并非对任何内容都不遗余力地加以审查，还要看司法机关对该内容是否具有审查的能力。这也正是本书接下来要论述的内容。

司法介入公司清算的维度之三：司法机关自身能力的局限

性。司法的功能在于用法律规则涵摄具体的案件事实。[1] 其具体的体现就在于司法机构（法官）通过对案件事实的审查和对照有关法律的规定，发挥其逻辑思维能力，最后形成对案件的法律判断，得出结论。这当中，除了对事实的认定、法律的理解外，很重要的是要对利益进行平衡和取舍。因此，司法机构对案件的审查，不仅包括了合法性和合理性审查两种，还包括了对利益的平衡。这些都是在司法机关能力范围之内的。然而，在有些情形下，司法机关就力有不逮了。

第一是群体性争议。群体性争议起先主要是社会化大生产（包括服务）中产生的由于产品缺陷而造成的复数人的权利损失而引起的争议。为了解决这类争议，立法者设计了群体诉讼模式，在我国民事诉讼法中称为“共同诉讼”。这类案件突破了原先的单个原被告的诉讼模式，由于某一方（或两方）的人数众多，案件呈现出与一般案件不同的特征：首先，这类案件的人数众多，影响较大。这一点毋庸置疑。其次，这类案件虽然每一个人都有一个利益诉求，但是由于诉求的本质基本一样，有所不同的只是数额，因此，这些诉求很容易汇合成一个力量很大的诉求，从而增加了案件的处理难度。最后，这一诉求人数多、反响强烈，很容易与社会公共利益挂钩，于是普通的个体权利之争突然演变成了“为民请命”。这样就使得某一方（一般是原告）很容易处于道德的高地而徒增司法的难度。西方有学

[1] 吴英姿：“司法的限度：在司法能动与司法克制之间”，载《法学研究》2009 年第 5 期，第 120 页。

者将这类争议归结为“集合化利益救济”[1]。上述特征，使得群体诉讼成为一个对司法能力形成严峻挑战的事物。每个个体的利益都指向一个标的，但是又相互交织，牵一发而动全身。司法机构在考量法律和事实的时候，必须对各方利益进行衡量和比对，以确定如何取舍，甚至还要考虑到很多法律以外的东西，如社会影响、判决后的善后工作等。而这些问题在我国显得尤其突出，因为其与社会稳定关系最为密切。美国著名法学家考默萨曾经指出，在人数众多、复杂程度高的时候，恰恰是最需要法治的时候，同时也是司法供给最为不足的时候。[2] 这是因为这类群体性争议存在多个利益“交汇点”，各方利益博弈非常激烈，法院在作决断的时候，必须考虑多个因素，甚至是案外的因素。因此困难重重，而且效果不一定显著。此时更加需要的是市场机制或者政府的行政手段加以解决。

结合以上论述，可以发现公司清算案件虽然不是诉讼案件，但是在很大程度上符合“群体性争议”的特点。其人数众多，而且权利指向同一个标的——公司财产。更为重要的是，公司清算案件涉及的利益方很多，利益的种类也很多，既有个体利益，也有公共利益；既有财产性利益，也有非财产性利益。因此，司法机关在处理时，会面临牵一发动全身的情况。当然这并不是说，司法权力不能介入公司清算，而是要有所为，有所不为。这里的“为”和“不为”都以尊重公司自治为基础，也

---

〔1〕［日］小岛武司：《诉讼制度改革的法律与实证》，郭美松等译，法律出版社2001年版，第72页。

〔2〕［美］尼尔·K. 考默萨：《法律的限度——法治、权利的供给与需求》，申卫星、王琦译，商务印书馆2007年版，第7页。

就是说，以市场规律为基础。

在公司清算中，要积极发挥市场的作用，通过公司内部人员和债权人的充分博弈达到利益的平衡，不能越俎代庖。如对于清算组的更换问题。司法清算中的清算组由法院指定，但是如果需要更换，司法解释规定了两种启动程序：依申请、依职权。但是笔者认为，依职权更换清算组的方式在一般情形下不宜使用。因为清算组在清算中的作用，主要是对外作为公司的意思机关处理各种事务（如应诉），对内则是主持各种会议、处理各种技术性事务、制作各类财务报表以及制作清算方案等。结合前述的关于公司治理的有关理论，这些事务都属于公司自治的范畴。从公司清算组的组成来看，主要是公司董事、股东，以及中介机构及其技术人员（如会计师事务所、律师事务所及其工作人员等）。也就是说，公司清算组组成也说明了其具有公司自治组织的性质。另外，由于清算组的工作连接了整个清算过程的各个环节，是穿插在公司清算过程中的主线，因此在公司清算中处于多个利益诉求的交汇点。如果把公司的清算过程看作是一个“多中心任务”之网[1]，公司清算组就是扯动这张网的提线。因此对于清算组的人员更换，不宜由法院依职权主动而为。债权人的申请更换，则是公司清算过程中多方博弈的体现，是市场机制作用的结果。此时，法院作为一个裁判者，虽然也面临着“多中心任务”的压力，但是比依职权更换要显得更加公正，地位相对超然，结果也易于被各方接受。

另外，政府的作用也不可忽视。相对于法院而言，政府所

---

〔1〕 Lon. L. Fuller, “The Forms and Limits of Adjudication”, 92 *Harvard Law Review* 1978, pp. 363 ~ 365.

掌握的行政权力具有力度大、更加直接的特点，因此效率更高。这种高效、直接的解决方式，其实更加适合于解决一些“多中心任务”。例如在公司非自愿解散领域，外国立法在法院介入公司解散方面有不同的规定。日本立法中对于法院介入公司解散有两种做法：一种是法院直接命令公司解散，适用条件是法院为了维护公共利益，认为公司不应当继续存续的，可以依法务大臣、股东、债权人及其他利害关系人的申请命令公司解散；另一种则是我们通常意义上的依申请的司法解散。我国台湾地区在法院介入公司解散方面，借鉴了英美法的做法，直接规定利害关系人可以向行政机关申请解散公司，理由是法院的命令手续繁琐、效率低下，而行政权力更加直接、高效。

从以上论述可以看出，在公司的司法清算中，司法机关面临的是一个群体性争议，是一个“多中心任务”。因此，其必须考虑到这一争议类型的特点，在自身能力的限度内发挥作用。

第二是技术性结论。在司法过程中，存在着大量的技术性问题和结论，比如刑事诉讼法中的鉴定报告、勘验报告等，也包括民商法中的各类财务、医学类的报告、报表等。这些技术性结论虽然不是法律，也不是国家的强制执行的命令，但是对案件的最终裁决产生影响，有时影响还很大。然而不可否认的是，这些技术性结论由于其专业性较强，司法机构的工作人员不可能掌握，因此，对于此类结论，司法机构工作人员很难进行审查，一般的做法就是从技术人员的资质、机构的资质、是否按照法定的程序进行技术操作、依据的标准等几方面进行所谓的“审查”。这种审查往往是流于形式的。其实，目前对于此类结论的审查，一般都局限于程序性审查。对此有的学者曾经叹息："也许只有经由程序，才能防止法与技术之间成为司法无人之境。"[1] 可以说，在技术性结论面前，司法的手臂受到了限制。

反观在公司司法清算中，也存在着这种技术性结论，最为明显的就是公司清算组制订的一系列有关公司财务状况和负债情况的资产负债表及财产清单。这两者的制作一般都是由专门的中介机构及其从业人员（主要是指会计师事务所及其会计师）进行的。这些专业性的报表、数据显然不是司法机构的法官能够完全看懂的，甚至连编制这些表所采用的标准都很难理解。此时，司法机关只能从表和清单的制作人的资质、制作过程是否符合法律规定（如有无会计师签名等）等方面进行审查，也就是对程序性要件进行审查。对实体性的要件，诸如这些数据是否按照有关国家标准进行编制、数据是否真实则无法进行严格的审查。这并非由于法官的法律水准和责任心不足，而是由于专业知识的缺乏。因此，在面对这些技术性结论时，法官应该充分利用利益各方的博弈，通过债权人和公司股东的利益博弈来考察技术性数据的正确性，而不是通过法官自己的臆断。

司法介入公司清算维度之四：司法机构与当事人的互动。司法机构与当事人的互动，主要是指司法机构听取当事人的陈述和申辩，并且进行自己的意思表示，并在此基础上进行交流的过程。这一过程至少存在以下两个特点：一是互动双方的地位不平等性。即当事人只能向司法机构表达自己的意思，通过语言和证据的影响来实现对司法机构的影响，但是最终的决定

---

〔1〕［台］陈春生：《核能利用之法律规制》，台湾月旦出版社股份有限公司1995年版，第427页。

权在司法机构。二是互动方式的法定性。由于这种互动是一种典型的司法过程，因此其程序一般是由法律明确规定，而且也不够丰富，一般就是书面陈述和言语陈述两种，从内容来看一般就是陈述理由和举证。

司法机关与当事人的互动是司法过程的必然内容，也是司法机构公正司法的必然要求，更是民主和法治的基本要求。司法机关在处理案件中，必然与当事人进行沟通和互动，否则就不可能充分了解案情，更不可能在双方举证之后对证据进行评判，形成心证。这一点在古代和现代、西方和东方都是一样的。一般而言，司法机关与当事人互动的方式和程度取决于其所存在的程序本身。也就是说，在不同的法定程序中，司法机关与当事人的互动方式各异。如果还是按照前述的诉讼程序与非讼程序的区分来看，两者的互动方式就有很大的不同。其中最重要的不同在于言词审理和书面审理的不同。传统理论认为：通常诉讼程序采用言词审理原则，它要求诉讼主体的诉讼行为应采用口头方式当面表达，否则不产生诉讼法上的效果。这一原则体现并贯彻了诉讼程序的公开性、民主性，适应了对立着的私权争议的双方当事人对程序公正的追求，同时保障了法官在充分听取双方当事人陈述与辩论的基础上明辨是非，形成心证。而在非讼程序中，由于不存在对立的当事人，因此客观上不存在法官听取双方辩论与陈述的可能，法官只需在申请人或起诉人提供的书面材料及有关证据的基础上依法进行形式审查，并且按照非讼程序设置的具体步骤（如公告、送达等）完成审判行为，即可达到非讼程序设置的目的。当然，在非讼程序中，书面审理原则并不绝对排除言词原则，在选民资格案件、破产案件的审理中，言词原则的适用也是有意义的。因此总体上讲，非讼程序以书面审理为原则，以言词审理为补充。

然而，笔者认为，即使在非讼程序中，言词原则也不应当成为“配角”，而应当成为“主角”之一。笔者在此借用哈贝马斯（Jürgen Habermas）的“交往行为”理论论证言词原则的作用。哈贝马斯的“交往行为”理论[1]认为法律的中心功能是解释，也就是赋予意义。因而，有效性是理解的核心。现代性法律的危机就在于立法者无法通过合法性使法律获得正当性论证。哈贝马斯对现代性危机作了深入的剖析后，提出了程序主义的正当性理论。哈贝马斯认为，正当性是某些理想化条件下合理的可接受性，而把论证过程视为程序。法治的正当性来自民主程序，即在社会决策的程序中把话语与决策程序（如选举程序、立法程序、司法程序等）相结合，实现平等对待。因此，法律的正当性来自于沟通，而非决断。根据上述理论，有效的互动是立法、司法的最主要环节，也是上述行为合法性的基础。而有效互动的前提就是各方在平等的基础上，充分地表达自己的意愿。要实现这种效果，言词的表达永远应当是首选，而书面的表达则是次重要的选择。这是由于言词的即时性和表达的充分性形成的对书面表达的比较优势，无法抹杀。在非讼程序当中，虽然一般情形下不存在对立的原被告当事人，但是利益的冲突是显而易见的。而且，即使没有激烈的利益冲突，必然也有需要决断的事务，此时，如果能够实现言词的沟通，则无论在最后决断的正确性还是合法性上，都会获得更多的支撑。

〔1〕 谢晟：“以法治视角解读哈贝马斯的交往行为理论”，载《经济与法》2009年第8期，第44页。

因此，即使在非讼程序中，也应当设置一些法官与当事人当面交流互动的环节，以强化沟通，增强沟通的有效性。

在公司司法清算过程中，虽然清算过程应当以公司自治为主，但是由于司法的介入，公司的股东、债权人等清算的当事人与司法机关的沟通和互动显得非常重要：一方面，互动可以使得司法机关和参加清算的各个当事方充分交流，获得足够的信息，从而做出更加正确的判断；另一方面，交流和互动的过程本身就体现了法治的精神，是程序正当性的体现，也使得当事方更加乐于接受法院的决定。按照“交往行为”理论，这就是最大限度地实现了解释的“有效性”。从这个意义上来说，在公司的司法清算过程中，司法机关在有所为、有所不为的前提下，在“为”的过程中，要充分地与各个利益相关方进行沟通和互动，不能仅采取书面审理的方式而做出司法决定。比如在是否更换清算组的问题上，法院在收到相关申请后，就应当及时地安排申请人与之进行沟通，充分了解申请人的理由，必要时，还要请清算组成员对这些理由进行充分的陈述和辩解，最后才能决定是否更换清算组。又如在对清算方案的审查中，虽然法院对于一些专业性的技术结论无法做深入的掌握，但是仍然可以要求清算组成员就该方案进行详细的解释，甚至可以要求债权人代表一同在场，也进行解释，这样才能最终确定该方案是否是合法、真实的，之后再做出司法结论。

总之，在公司司法清算中，司法权力的介入应当以平衡各方利益为目的，在法定的程序下进行，同时考虑司法机构自身的能力而有所为、有所不为。

本章小结

本章从公司治理的角度，着重研究了司法权力对公司清算的干预。对于公司治理的范畴，经济学家分别从不同的角度有较多的表述。总的来说，经济学家的研究重点往往集中在股东、董事会、监事会和经理层的关系上，缺乏从公司运营的动态角度进行研究的成果。从范畴上说，公司治理应当贯穿整个公司从设立到消亡的始终，是一个动态的过程。狭义上的公司治理只包含公司正常运营过程中的治理。广义上的公司治理则包括公司清算阶段。在公司解散进入清算状态后，虽然原有的股东会、董事会和监事会以及经理层不再行使原有职权，但是进入了另一种治理的态势，即以清算组和法院为中心，股东、债权人和其他利益相关人共同参与的治理。

从西方公司治理的主要模式来看，在股份有限公司方面，主要有双层制和单层制两种类型。前者主要流行于大陆法系国家，特点是股东会、董事会、监事会组成双层架构模式治理公司。后者主要流行于英美法系国家，仅存在股东会和董事会。而在有限责任公司方面则存在着多种不同的治理模式，比如德国强制要求职工参与公司管理，法国允许股东担任经理等，不一而足，主要是为了适应有限公司灵活多变的经营方式。公司治理可以被看作法定框架下的公司内部意思自治。

在上述讨论的基础上，笔者提出了司法权力干预公司清算的维度问题。笔者从司法权力的特殊性着手，指出与行政权力和市场行为相比，司法权力的特点在于：公正性强、影响范围不大。本书从四个方面讨论了司法权力介入公司清算的维度：一是公司清算是否“可诉”，即司法权力能否处理公司清算问题。公司清算虽然不是传统的对抗型纠纷，但是从立法和实践来看司法权力都能够处理公司清算问题，立法也不应当人为设置“门槛”。二是司法权力在解决公司清算问题时的能动性发挥问题。在非讼案件中，法官不能固守处理对抗型纠纷中的“当事人主义”，而应当更多地倾向于“职权主义”。在司法清算中，司法机构应当针对矛盾产生的原因，在保障程序公正，保障信息充分公开和监督清算组履行义务，督促清算义务人履行清算义务，对清算义务人的不作为进行打击等方面，充分发挥作用，履行职权。三是司法机构自身能力的局限性问题。司法机构一般对于案件的合法性与合理性进行审查，然而在某些方面力有不逮。最为明显的是在处理群体性争议和对技术性结果的审查方面。前者由于涉及人数较多，利益多且相互交织，司法机构在处理时，不能只考虑法律因素，还要考虑政治、社会稳定等案外因素，因此往往力不从心。后者则由于主要涉及非法学类的科学和技术（比如清算中的财务报表等），因此司法人员往往受专业所限，无法进行深入的审查。因此在处理上述问题时，可以考虑更多地借助于市场和政府的力量。比如在清算过程中，对于清算组成员的更换就不宜采用法院依职权的形式。对于公司非自愿解散，也可以考虑以政府命令的方式进行。四是司法机构与当事人的互动问题。这种互动有不平等性和法定性的特点。我国传统诉讼法理论认为，对于诉讼案件，应当在审查过程中以“言词原则”为主，而对于非诉案件则以书面审理为主。

然而笔者认为，根据哈贝马斯的“交往行为”理论，法律的中心功能是解释，法律的正当性来自沟通，而非决断。有效的互动是立法、司法的最主要环节，也是上述行为的合法性基础。因此，坚持言词原则永远是首选。如果案件中虽然没有原被告当事人，但是利益的冲突是明显的，也应当坚持言词原则。在司法清算中，法院应当坚持以言词原则为主的与当事人的直接沟通，只有这样才能保证清算过程和结果的有效性和公正性。

总之，公司清算中司法权力的介入，应当以平衡各方利益为目的，在法定的程序下进行，同时考虑司法机构自身的能力而有所为、有所不为。

第三章 公司司法清算启动的利益平衡

第一节 司法清算的启动——利益平衡作用的肇始

一、公司解散起诉权的立法分配与个案平衡

（一）公司解散的法律性质

总的来说，公司清算的原因是公司解散。很多学者对公司解散都有自己的定义。我国台湾地区学者的代表学说如“法人能力丧失说”：“法人之解散，谓基于法定原因，使法人因丧失能力之事实。”[1] 又如“法人人格消灭说”：“公司解散者乃消

〔1〕 史尚宽：《民法总论》，中国政法大学出版社2000年版，第13页。

灭其法人人格之一种程序也。”〔1〕我国大陆学者对公司解散的定义如“消灭公司行为说”：“公司解散是使公司消灭的法律行为。”〔2〕“终止法人资格行为说”：“公司因法律或章程规定的解散事由出现而停止营业活动，并逐渐终止其法人资格的行为。”以及“公司解散，是指已经成立的公司，因公司章程或者法定事由的出现而停止公司的经营活动，并开始公司的清算，最终是公司法人资格消灭的行为。”〔3〕

综合上述概念，最大的分歧在于：将公司解散定性为“法律事实”、“法律程序”还是“法律行为”。笔者同意“法律行为说”。因为公司是由多个自然人或组织共同设立的一个组织，所以，公司的解散就是这些自然人或组织共同了结这个组织的行为。从“企业契约”理论来看，公司的设立意味着最初的合同的订立，公司解散则是合同的解除，这种解除应当是一种行为。无论是否承认“企业契约”理论，有一点必须承认的是，公司的解散，本身是各方共同的表意行为，含有一定的意思表示，并且有所作为，因此将其归于“法律事实”〔4〕是不妥当的。而“程序”一说更加含糊，没有正确反映出其法律性质。“程序”一词在法学上，一般和“实体”相对应，反映的只是一件事情发展的过程的范畴，不能反映该事物的具体属性。因此“法律行为说”较为符合公司解散的本质属性。然而前文所引述的“法律行为说”的前两个定义虽然较其他几种定义更为贴近本

〔1〕郑玉波：《公司法》，台湾三民书局1993年版，第33页。

〔2〕毛亚敏：《公司法比较研究》，中国法制出版社2002年版，第335页。

〔3〕苏小勇：《公司清算法律实务》，法律出版社2007年版，第1页。

〔4〕通说认为法律事实包括事件和行为。

质，但也难免挂一漏万。其中“消灭公司行为说”定义显然太过简单，没有具备“定义”的基本要素。“消灭法人资格行为说”较为完备，但笔者认为，该定义在描述公司解散的原因和结果方面，仍有不足之处。如在描述公司解散原因方面，该定义只涵盖了法定事由和章程的规定，而显然没有把股东自行解散，也就是自愿解散涵盖进去。而从结果来看，该定义明确了公司解散的最终后果是消灭法人资格。而“法人”一词，是民法中和“自然人”、“其他组织”并列的民事主体，是从民法的角度赋予一类主体以民事法律主体资格。按照我国法律规定，除了公司是法人外，事业单位、国家机关等，都是法人。公司则是从商法角度，对一类商事主体的称谓。一个组织，一旦被称为公司，从商法意义上说，就意味着其是由各方投资而成，具有基本的公司治理结构、在工商部门登记、从事商业性经营活动等一系列特征。显然公司一词更能够反映该实体的多方合作性、经营性，即更加能够贴近该组织的本质特征。因此，在确定定义时，对于公司解散的结果，不应归结为“消灭法人资格”，而应当归结为“终结公司，退出市场”。否则“公司解散”就可能混同于“法人解散”。因此，笔者认为，公司解散可以定义为：公司为了自我终结，退出市场，而在法定或章程规定的事由发生后，或经由股东会决议后，停止经营活动，并进入清算的行为。

（二）公司解散的事由

公司解散的事由包含了多种。总的来说可以分为两类：自愿解散和强制解散。[1] 其中自愿解散主要包括《公司法》第180条第1项规定的“公司章程规定的营业期限届满或者公司章程规定的其他解散事由出现”，第2项规定的“股东会或者股东大会决议解散”以及第3项规定的“因公司合并或者分立需要解散”。把它们归结为“自愿解散”，主要是考虑到公司的所有人——股东通过完全的意思自治，自行解散公司。其中，第1项是基于公司章程的规定。公司章程是公司设立之初，投资人基于共同的意愿制定的文件，用以规定公司内部最基本的架构和权利、义务。因此从公司法来看，它是规范公司运作的公司的内部文件，但如果从合同的角度看，它是投资人共同签署的一份合同，属于共同法律行为的范畴。[2] 因此，依章程的条件而解散公司属于事先自愿约定条件，因符合该条件而解散属于条件成就后的法律效果。而第2项和第3项规定的都是自愿解散，这一点不需要多加解释。

强制解散是除了自愿解散之外的另外一种解散方式，即由国家强制力迫使公司解散。从我国的国情来看，一般可能存在行政性的强制解散和司法强制解散。行政性的强制解散主要是指公司受到行政处罚后解散。《公司法》第180条第4项规定，公司依法被吊销营业执照、责令关闭或者被撤销的，公司依法解散；《公司登记管理条例》第42条第4项规定，公司依法被吊销营业执照、责令关闭或者被撤销的，公司清算组在公司清

〔1〕 当然，在学理上，还可以将公司解散按照其他标准分类，本书从切合主题角度，选取了这种分类方式。其他的分类方式可以参见其他学者的一系列论著，如王妍：“我国企业清算中的法律问题”，载《当代法学》2002年第4期。

〔2〕 韩长印：“共同法律行为理论的初步构建——以公司设立为分析对象”，载《中国法学》2009年第3期，第73页。

算结束后30日内向原公司登记机关申请注销登记。之所以认为其是受到行政处罚后解散，主要是考虑到上述“吊销营业执照”、“责令关闭”、“被撤销”等内容，主要规定在了上述两个法律文件的“法律责任”部分。[1] 司法强制解散主要是指依照人民法院的裁决而进行的公司解散，从该层意义上说，公司司法强制解散是一种纠纷解决机制，这种机制的作用，可能产生的裁决就是公司的解散。公司司法强制解散的原则性法律依据是《公司法》第180条第5项和第183条。另外，最高人民法院的《公司法司法解释（二）》中也作了详细的规定。概言之，公司司法解散的事由主要就是公司僵局。甚至有的学者直言：公司解散纠纷，是指公司僵局出现时，公司股东提起解散公司申请而发生的纠纷。[2] 另外，还有学者经过研究后提出：“美国有37个州规定了强制解散公司请求权或类似的制度，尽管各州强制解散公司的具体规定有所不同，但是大同小异，而公司僵局则是司法解散的最重要原因之一。”[3]

（三）公司司法解散的利益平衡：立法的安排与司法的个案平衡

公司僵局有如下一些特征：

（1）公司僵局是由于公司管理者之间的矛盾而导致的一种事实状态。公司僵局是一种事实状态，而不是一种行为或者一

---

〔1〕 参见《公司法》第199、208、212～214条，《公司登记管理条例》第68、69、72、73、76、77、79、83、84条。

〔2〕 奚晓明主编：《最高人民法院关于公司法司法解释（一）、（二）理解与适用》，人民法院出版社2008年版，第311页。

〔3〕 李曙光：“新《公司法》中破解‘公司僵局’制度安排的探讨”，载《武汉理工大学学报》（社会科学版）2006年第3期。

个事件。也就是说，公司僵局不会必然引起法律关系的变化。这种状态有可能一直延续下去，当然，也有可能在另一个法律事实发生后，共同发生作用，引起法律关系的变动。比如公司僵局发生后，有持股超过10%的股东向法院提出了解散公司之诉。经过法院的审理，可能会导致公司的解散，从而变更法律关系。而这种事实状态产生的原因是公司管理者之间的矛盾。公司管理者不仅包括公司治理结构中的主要成员，即董事会、监事会和经理层，还包括一些对公司运行影响力较大的股东和除了经理层之外的对公司日常运营有较大影响力的高级管理人员，如财务总监等。一般的股东之间的纠纷、劳资纠纷、普通员工之间的纠纷则不会导致公司僵局。这其中有一个问题，即工会与资方的纠纷是否会导致公司僵局。西方经济学理论认为，工会代表劳方，与资方的纠纷一般不可能导致公司僵局。但在我国，很多企业迫于政府的压力，任用工会领导人作为公司的高级管理人员，甚至公司的董事，形成了事实上的劳资不分，这也有可能会导致公司的劳资纠纷演化成公司僵局。

（2）公司管理者之间的矛盾较为严重，已经导致公司的正常运行机制无法继续。公司正常运行机制无法继续，主要是指公司治理结构中的董事会或者经理层无法运作，因为他们是维持公司日常运行的关键。公司管理者之间的矛盾如果能够导致上述后果，一般其表现形式就是无法召开董事会、股东会，无法选举或者罢免董事、监事或者经理等，董事（会）或者经理无法正常行使职权，公司的权力结构遭到破坏无法进行正常的决策，而不一定影响公司的日常生产。反过来，公司的经济效益下滑，甚至连年亏损，也不一定就标志着形成了公司僵局。

（3）公司管理者之间的矛盾形成的原因，既可能与公司先天确定的治理结构有关，也可能与公司后天运作过程中管理者之间产生的矛盾有关。公司的治理结构自身就是一个相互牵制、相互制约的架构体系。当董事会、监事会、经理层、股东会之间无法达成一致时，就必须按照事先约定好的决策机制进行决策。公司治理结构之间的关系，本质上也是一种契约。但是这个契约不可能是面面俱到的“完全契约”，而是一个“不完全契约”。其中的漏洞往往就会引发公司一些意想不到的问题，僵局由此产生。历史上就有人建议，人们在设立有限责任公司的时候，股东最好能够事先规定某些方法以减少或排除此种纠纷或僵局的发生。[1] 公司后天运作中管理者之间的矛盾产生的主要原因是公司管理者之间信任的缺失。公司，尤其是人合公司，其成立的基础就是股东之间的信任。而根据委托代理理论，公司的管理层是由股东委托的代理人。这种委托代理关系，其基础也是信任。如果信任缺失了，上述理论的基石就动摇了，公司的基础也就不存在了。

公司僵局出现后，什么样的人可以提起公司解散之诉，体现了立法者对不同利益主体进行保护的不同态度。根据我国《公司法》第182条的规定，“持有公司全部股东表决权10%以上的股东”可以在公司僵局发生后，向法院提起公司解散之诉。这一立法体现了一种利益的平衡，即起诉股东和其他股东之间利益的平衡。这是因为就解散公司而言，受到伤害最大的莫过于股东，他们的投入都有可能付诸东流，而投资越大，也就是

〔1〕 张民安：《公司法上的利益平衡》，北京大学出版社2003年版，第262页。

持股数越大的股东受到的伤害也越大。因此他们对于公司解散的关切度也越大。在事关是否解散公司的问题上，持有股份越多的股东，越会审慎地考量利弊得失。因此在公司解散的提起权上，必须对股东的持股数确定一个合理的下限。而在现代公司治理结构中，由于股权相对分散，10%的持股数已经是较大的了。《公司法》规定了10%的持股下限，但是并未说明是否可以由多个股东共同持股达到10%的标准。对待这一问题的态度，是对立法者平衡大中小股东利益的试金石。如果说前述10%的标准是用来平衡起诉股东和不起诉股东的利益，而现在是否允许多个股东共同持股达到10%后起诉解散公司，则涉及对大股东和小股东利益的一次平衡。如果允许共同持有10%以上股份的股东群体共同提起诉讼，则是立法对于小股东利益的一次倾斜，贯彻了向小股东利益倾斜的原则。小股东（主要是有限责任公司的小股东）在公司中可能受到大股东的排挤和压制，既无法决定分红的数量，又无法参与公司的管理，而且无法通过公开的市场将股票卖出，从而影响了小股东的投资目的的实现，利益期待就会落空。而且根据西方学者的理论，在人合型公司中，股东投资的期待并不是获得股利，而是包含了参加公司管理、成为公司成员和控制公司其他成员三项期待利益。[1] 尽管该理论有夸大某些方面的嫌疑，但是，不可否认的是，上述理论仍然在一定程度上反映了人合型公司股东（尤其是小股东）的利益诉求。一旦这方面的利益诉求得不到满足或者落空，小股东利益就容易遭受损害，而且在大股东压制小股

〔1〕 张民安：《公司法上的利益平衡》，北京大学出版社2003年版，第271页。

东的情形下，法院很难通过其他救济方法强制大股东给小股东安排合适的工作，也不可能要求公司的大股东将所有的利润拿出来分红。因此这种时候允许他们向法院申请解散公司是正当的，体现了大小股东之间利益的平衡。对此，《公司法司法解释(二)》明确规定了:《公司法》第182条规定的“持有”应当包括“单独持有”和“合计持有”两种情形。而且，《公司法》第182条的“持有”一词本身就应当包含两种持有，从文义解释的角度，这也是立法的应有之义。

美国公司立法较为发达。根据美国《标准商事公司法（修正)》的规定，小股东可以在满足以下几种条件之一的情况下，向法庭申请解散公司并对公司进行清算：

第一，公司董事会的管理已经陷入僵局，公司的股东无力打破僵局，公司因此正在或者将要遭受不可挽回的损失；或者因为公司僵局，公司的发展不可能再以有利于股东的方式进行；

第二，董事或者控制公司的人正在或将要以违法或者不平等或者欺诈的方式从事行为；

第三，公司股东会的表决机制失灵，至少在两次年会中无法选出继任董事；

第四，公司的资产正在被滥用或者挥霍。

该制度最早于1933年由美国伊利诺伊州和宾夕法尼亚州公司法创立，其后英国1948年《公司法》和美国1950年《标准商事公司法》都作了类似的规定。[1]

利益平衡理论在公司解散方面的影响和作用，除了体现在对提起权利人的确定方面，还体现在了对提起条件的确定方面。根据司法解释，提起公司解散之诉，还须符合 4 个条件，具体见《公司法司法解释（二）》第 1 条。根据该条规定，第 1 款第 1 项和第 2 项均强调了“持续两年以上”这一要件，第 3 项虽然没有强调两年，但是考虑到董事会是一个常设机构，几乎掌握了公司所有的重要权力，因此公司的董事会因为冲突而无法正常运转，则只需要符合“长期”这一条件即可，不需要严格限制两年以上。而且更为重要的是规定了：股东以知情权、利润分配请求权等权益受到损害，或者公司亏损、财产不足以偿还全部债务，以及公司被吊销企业法人营业执照未进行清算等为由，提起解散公司诉讼的，人民法院不予受理。从利益平衡的角度来看，这种对于公司解散之诉的理由的限缩也是对起诉股东和不起诉股东利益的平衡。当然，也有学者将理由归结为：对于知情权、利益分配请求权或者公司亏损等问题，皆有其他法律进行规制，因此股东可以通过其他途径进行救济，而不能以此为由解散公司。[2] 然而笔者认为，这一理由只是从法律救济途径层面进行了论证。这一论证暗含了一个前提：一个权利只能有一种救济途径。而显然这个前提并不成立。因此还是要

〔1〕 当然，虽然法律赋予小股东提起解散公司的权利，但是毕竟公司解散的后果对于各方均是不利的，行使权利的小股东在其中除了排解心中怨气之外，无其他利益可言，而且更加不利于社会和谐稳定。因此英美法国家的法院一般不太会适用该条文判决公司败诉，而是倾向于适用一些替代性的、较为温和的规则。

〔2〕 刘敏：“关于股东请求解散公司之诉若干问题的思考”，载《法律适用》2006 年第 10 期。

从正面对这一限制的原因进行论述。而这一原因正是立法对于各项利益的平衡。除了上述的起诉股东和不起诉股东之间利益的平衡外，还有对于起诉股东利益和公司自身利益的平衡。公司自身利益主要存在于公司的永久存续之上。如果公司解散，公司自身利益则彻底消失。（这一利益冲突也可以解释为偿还性利益与非偿还性利益的冲突）

上述主要反映的是立法上的平衡。立法过程就其本质而言，是各种利益（自由）诉求表达、争论、协调和平衡的过程。立法者通过上述过程，制定出更具有正义性的法律原则、制度和规范，以调整当事人之间的财产和人身关系，同时实现人们的一般行为自由与民事权益保护的宏观平衡。〔1〕然而立法若要发挥作用，终究要落实到对个案的处理上。现实当中个案的情况千差万别，牵涉各种利益，需要司法机构再一次进行利益的平衡。下面举一个案例作一说明。〔2〕

原告：A 公司、B 公司、王某

被告：C 公司

第三人：D 公司

三原告诉称，原、被告是第三人 D 公司的股东，D 公司由被告长期控制，公司股东会、董事会处于僵局状态，现公司经营管理已发生严重困难，且 C 公司和 D 公司拒不

〔1〕张新宝：“侵权责任法立法的利益衡量”，载中国私法网，最后访问日期：2009 年 3 月 22 日。

〔2〕该案例案情和判决内容转引自潘云波：“博星公司等诉三毛公司股东请求解散公司案——兼析对新修订《公司法》第 183 条的理解和适用”，载中外民商裁判网，最后访问日期：2009 年 5 月 6 日。本书在引用时用字母代替当事人的名称。

履行变更法定代表人和出示公司财务账簿等义务，公司继续存在对其股东利益将产生严重损害，故请求判令解散D公司。

被告和第三人辩称，如原告A公司向D公司履行返还2000万元技术转让款的义务，公司经营状况就会好转，故不同意解散公司。

法院经审理查明：2001年3月，A公司出资1950万元、B公司出资45万元、王某出资5万元、C公司出资2000万元，四方共同成立D公司，从事基因芯片技术开发服务业务。根据公司章程约定，先由C公司委派人员担任公司法定代表人1年。同期，根据合同约定，A公司应向D公司转让“肝炎基因芯片技术”，但其未按约履行，仲裁机构遂于2004年2月裁决A公司返还D公司技术转让款2000万元。A公司未履行该生效裁决。由于A公司上述违约行为，C公司亦不履行D公司章程所规定的，2002年应由A公司委派人员担任D公司法人代表的手续变更义务。2004年4月，法院判决C公司、D公司履行公司章程规定的变更法定代表人义务。C公司亦未履行该生效判决。2006年6月，法院判决D公司（仍由C公司人员担任法定代表人）提供公司会计账簿给A公司查阅 。D公司亦未履行该生效判决。此外，根据工商年检报告显示，自2001年3月D公司成立以来，公司历年经营亏损，现已无主营业务收入，处于停业状态。此外，法院在该案审理中责成D公司限期召开股东会。A公司要求解散公司、更换法定代表人、行使股东知情权三项议题，C公司关于制订公司发展规划的议题，均未在股东会上形成有效决议。法院还要求各方股东就各自持有D公司股权进行内部或对外转让事宜，限期洽谈，并做了相应的调解工作，但未能达成调解协议。

法院经审理后判决驳回了原告要求解散公司的请求，主要有以下几个理由：

第一，作为原告之一的A公司违约在先，未能按时向D公司转让有关技术，且未返还技术转让款，导致了公司的长期经营不良。

第二，正是由于上述情况发生在先，所以C公司拒绝按照事先的约定变更D公司的法定代表人，也拒绝提供账册等，从而形成了公司僵局。

第三，在上述情形下，仍然存在其他的救济途径以解决公司僵局。如果A公司能够向D公司转让有关技术，或者返还转让款，而C、D公司也按照约定变更法定代表人，则D公司就可以进入正常的状态。

第四，在公司法中，公司的永久存续是一个较为重要的价值取向。而本案中，各方均有生效的法律文书尚未履行，如果履行（含强制执行），则可能打破公司僵局，使公司永久存续。

将上述案件的案情和判决置于利益平衡的视野下，会发现法院拒绝判决公司解散其实是在考虑了各个股东利益、公司利益甚至公司员工利益的基础上作出的综合判断。尽管从上述四个理由来看，法院判决是基于导致公司僵局的过错先后以及没有穷尽其他救济途径等理由，但是，可以看出，法院首先在起诉股东的利益和公司自身利益（永久存续）之间进行了平衡，平衡的结果是认为公司的永久存续应当优先于起诉股东的利益。而后又在起诉股东利益和未起诉股东利益之间进行了平衡，这一次平衡的结果并未完全倾向任何一方，尽管看似原告败诉，但是在判决理由中，要求原被告均履行事先的承诺和已经生效的判决，以解决公司僵局。因此这一判决其实是在起诉股东、未起诉股东、公司利益（永久存续）三者之间进行了平衡，平衡的结果是优先保证公司永久存续，而充分考虑股东的实际情况，未作出明显倾向于某一方利益的裁决结果。当然这一结果肯定也考虑了公司的员工、债权人以及其他利益相关人的利益，尤其是员工和债权人的利益。而且在当前情形下，维护社会稳定是第一要务（笔者已在前文关于公司清算的公共政策目标中加以论述）。因此维持一个公司的永久存续，虽然可能有损于某些股东的利益，但是总的来说还是对维持社会的稳定有积极的意义，因为可以维持现有的就业机会和法律关系的稳定。从这个意义上说，法院在判决的时候，其实还对国家利益和个人利益进行了平衡。

综上，公司司法解散的利益平衡从立法层面到司法层面都有所体现。

二、司法清算提起事由的扩张

前文已述，公司清算的原因是公司解散，公司解散包含了自愿解散和强制解散，但是公司自愿解散和强制解散都可能导致公司的司法清算，原因是司法清算一般是指法院出面组织和监督的清算，而这种情况既可能发生在公司自愿解散之后，也可能发生在强制解散之后。在公司法上，除了因为公司合并、分立而导致的公司解散之外，其他所有的解散都会导致公司的清算。可见公司的清算是最终实现起诉股东权利的手段，因为股东投资公司的目的主要有参与公司管理和获得财产性收益两种（当然，上市公司股东投资的目的还包括炒卖公司股票获益）。而在公司解散的前提下，参与公司管理已经成为空话，剩下的只有获得财产性收益一个目的了。而获得财产性收益，也就是前文说的剩余分配权只有通过清算才能实现。

根据《公司法》第183条的规定，公司因各种原因而解散的，应当在解散事由出现之日起15日内成立清算组，开始清算。逾期不成立清算组进行清算的，债权人可以申请人民法院指定有关人员组成清算组进行清算。人民法院应当受理该申请，并及时组织清算组进行清算。从该条可以看出，公司进行司法清算的实质性条件是公司解散事由出现之日起15日内未组成清算组，程序性条件是债权人的申请。《公司法司法解释（二）》对上述规定作了进一步细化，明确了三个实质性条件：①公司解散逾期不成立清算组的；②虽然成立清算组，但故意拖延清算的；③违法清算可能严重损害债权人或者股东利益的。同时将申请人从债权人扩大到了股东。仔细研究这三条内容，可以发现：

第一，其对《公司法》中“逾期不成立清算组进行清算”的条件进行了扩充，增加了两条内容。从这两条内容来看，有关“拖延清算”的内容可以用法条的含义涵盖。因为从《公司法》第183条的全部内容来看，其首先强调了公司解散应当自解散事由出现之日起15日内成立清算组，开始清算，然后再从反面强调了逾期不成立清算组进行清算的后果。因此只要是未能按时进行清算，且没有正当理由的，都可以归到上述第 183 条的含义中。而有关“违法清算可能严重损害债权人或股东利益”的情况，则超过了法条文义所涵盖的内容，属于目的解释的范畴。因为公司清算的目的是通过正当的程序公平地清偿债务，保障债权人和股东的利益。如果公司虽然自行成立了清算组，却无法实现清算的目的，则也应当允许申请司法清算。

第二，从这三点内容来看，第一点内容其实没有区分主观上不清算和客观上无法清算，只要逾期不成立清算组的，就可申请。而第二、三点的内容其实强调的是主观上的原因导致无法自行清算的情况。从这一规定来看，在公司已经成立清算组的情况下，只有因为故意或者违法而导致清算目的无法实现的情况下，才能够申请司法清算。

第三，将提起人从债权人扩大到了股东。这一扩大是《公司法》第 184 条所不能涵盖的（有关申请人的范围及其权利问题，将在下文中详细分析，在此不作赘述）。

从利益平衡的角度来看，司法清算启动事由的扩张在以下两个方面体现了利益平衡：

首先，体现了对股东利益和债权人利益的平衡。在公司解散的情况下，由于清算工作往往不能给股东带来收益，因此在很多情形下，虽然组成了清算组，但是存在着由于激励不足而导致的拖延清算的情况，这种情况对于债权人来说，显然是很不利的，因为每拖延一天，公司的资产都有减损的危险，从而可能导致债权人的损失。因此该条的设置，主要是平衡股东和债权人的利益。

其次，体现了对股东或者债权人的财产性利益和国家的非财产性利益的平衡。国家的非财产性利益主要是社会利益和政治利益。在公司解散的前提下，如果公司不尽快清算，使各项不确定的法律关系趋于明确，会形成社会不安定因素，长期积累，会影响社会稳定，因此，尽快进入司法清算，有利于社会的稳定。

三、司法清算提起主体的范围及其权利

司法清算的提起人，是指在公司解散后有权向人民法院提起司法清算的人。什么人有权提起对公司的司法清算，应当以公司解散而不清算会损害谁的利益为准，即以利益相关程度为标准。〔1〕只有以利益相关程度为标准确定司法清算提起人的范围和顺位，才能在提起权的分配上实现利益平衡。正如我国著名法学家赵旭东教授所说："终止公司的法律人格作为公司的清算目的只能是形式意义上的，在实质意义上，清算的目的应当是对公司债权人利益、公司股东的利益和社会经济秩序的保护……终止人格后，债权人的债权能否得到清偿，公司股东对公司享有的股东权益能否得到实现，社会经济秩序是否得到维护，却是法律最应关注的问题，公司清算制度的根本目的和价值正在于此。"〔2〕从这个意义上说，对利益的保护就是对利益

〔1〕经济学中有"利益相关度"概念，指不同的利益相关者对自己和其他利益相关者的利益增损进行主观评价的程度。参见刘国锋："企业销售经理利益相关度问题的理论分析与实证研究"，载《石家庄铁道学院学报》2009年第3期，第25页。在此处指利益相关人的利益与公司是否清算之间的关联程度。

〔2〕赵旭东："公司的注销与清算责任"，载《人民法院报》2002年1月18日。

相关人的保护。

公司解散后不清算，首先影响的利益主体是债权人。债权人是公司的外部资金提供人，其将金钱或者其他财物借贷给公司，主要是出于对公司的信任，相信其日后定会偿还。因此公司债权人对于公司的权益是显而易见的。而如果公司不清算，或者长期拖延，就会使得公司的财产慢慢地被消耗，甚至会被恶意的公司股东藏匿或者转移。公司的清算基础是公司的责任财产。根据有限责任的原理，如果公司发生资不抵债的情形，则要进入破产清算程序，此时按照我国的破产法清算，这恐怕是所有债权人都不愿意看到的。因此公司解散后不清算，影响的利益人首先是债权人。

其次受影响的利益主体是股东。股东对于公司的利益主要是投资后的收益以及对于公司的掌管和控制。而一旦公司解散进入清算程序，股东对于公司的掌管和控制就转移给了清算组，剩下的利益就是获得企业的剩余财产，也就是企业财产偿还了全部的债务后剩余的财产。这样，如果公司拖延不清算，造成公司财产的减损，肯定也会侵蚀公司的剩余，影响到股东的利益。当然，笔者作出上述论断的前提是股东进行合法清算，股东违反清算的基本规则，擅自转移、藏匿财产，或者以其他合法形式掩盖非法目的处置公司财产则不在此列。在这里，笔者特别要强调的是小股东的利益。在前文已经谈过，公司中小股东和大股东虽然同为公司的股东，但是在地位、权利上有较大的差别。大股东一般可以通过资本多数决原则控制公司的股东会，甚至操纵董事会而主导公司的决策经营，而这种情况在我国也不在少数，有的公司甚至连经理机构都操控在大股东手里。

这种现象的后果在于，公司变成了大股东一家的公司，只为大股东利益服务，少数股东的利益或被忽视，或不被充分认识。这种现象在公司的自愿清算中也会发生。按照委托代理理论，小股东是委托人，大股东则是代理人，同样也存在代理成本的问题。因此在股东利益当中，小股东的利益尤其应当受到重视。

然而公司解散后，法律已经赋予了股东自行清算的权利。而司法清算的提起，正是由于股东怠于甚至拒绝行使该项权利造成的，此时，公司的股东其实是有过错的。当然可能是部分的股东有过错，而非全部。因此按照法理，应当只赋予无过错的股东司法清算提起权，其顺序则应当劣后于债权人。在债权人不愿意提起的前提下，才允许股东行使该项权利。[1]

再次是公司自身。公司作为被解散、被清算的对象，当然对于清算的行为具有利益，这点毫无疑问。不过，根据委托代理理论，公司的权利由其代表机构行使。因此，既然赋予了股东相应的权利，那么再赋予公司同样的权利则显得繁复。而且如果赋予公司此种权利，无异于赋予一个人让别人杀死自己的权利，于一般情理或逻辑不合。因此虽然公司是利害关系人，但是不应赋予其司法清算的提起权。

最后是国家。前文已述，国家的利益主要是社会性和政治性的利益，即社会稳定、就业机会等，当然也有财产性的利益，比如拖欠的税款等（主要由税务机关代为追讨）。然而根据传统

---

〔1〕 现实当中已经出现了公司股东申请法院司法清算，法院予以受理并指定清算组的案例。参见“陈章义诉许金钗、郭达平、第三人厦门恒利发实业发展有限公司财产清算纠纷案”，载最高人民法院中国应用法学研究所编著：《人民法院案例选》（2009 年第 2 辑），中国法制出版社 2009 年版，第 296 ~ 299 页。

“企业契约”理论，国家不应当是构成公司的“合同的联结”的一方当事人。从前文分析可知，“企业契约”理论的核心在于企业（公司）由一系列契约组成，且这些契约的当事人都是平等的民事主体。因此该理论的理论前提在于平等主体的契约自由，也就是说默认构成企业的契约的当事方都是平等的民事主体，因此各方在签订契约时，都具有高度的意思自治。如果离开这一点，整个“企业契约”理论就无从谈起了。国家虽然也是一个利益相关方，但是这一地位是强制性的法律赋予的，而不是通过缔结平等的契约而获得的。比如，国家的主要债权是公债权，如企业欠缴的各类税、费。国家能够获得这些债权，是基于法律法规的授权，这本身就不属于契约自由的内在要求。然而笔者认为，国家应当具有公司司法清算的提起权。主要理由如下：

第一，是否具有司法清算的提起权，主要依据是是否具有相关的利益，而不是是否是“企业契约”的一方。前文分析可知，国家在公司司法清算中具有实实在在的利益，财产性利益主要有企业欠缴的税、费等，非财产性的利益主要包括企业的存续情况对社会安定的影响、就业机会的影响等。而传统“企业契约”理论虽然不承认国家的“债权”，但是存在利益并不以契约为前提。国家在公司司法清算中的巨大利益及其公益性质决定了其应当被赋予提起权。

第二，从契约的角度看，国家的税收是一种公法债权，其依据的法律则是企业与国家签订的社会契约。现代国家理论认为，国家具有当然的征税权，其理论基础在于：一方面，现代国家奉行人民主权说，相信一切社会财富均由全体国民创造，因而全体国民理所当然是全部社会财富的所有人。“作为脱离了市民社会而独立存在的政治国家，其本身并不具有生产能力，不能直接创造财富”[1]，但是可以在政治上代表全体国民。另一方面，由于全体国民的公共需要（公共欲望）被满足，却又“由于公共服务的消费所具有的非竞争性和排他性的特征，决定其无法像私人物品一样由私人部门生产并通过市场机制来调节供求关系，而只能由集体的代表：国家和政府来承担公共服务的费用支出者或公共需要的满足者的责任，国家和政府也就只能通过建立税收制度来筹措满足公共需要的生产资金”[2]。因此，为了满足自身整体的需要（公共需要），人民必须对自我征税。作为人民选举的代议机构，制定法律后组建的国家机器（政府）是具体展开这项活动的唯一工具。因此，国民选择了政府，就等于同意政府向自己征税。这种同意应当属于国民与国家签订的“社会契约”的组成部分，亦即部分权利的让渡。

第三，从税法角度看，税收也是一种债权，可适用债法的一般原理。[3] 原因在于：①从法律面前人人平等的角度来看，征税机关与被征税的对象仍然处于平等的地位；②国家通过税收，为全体国民提供了公共产品，可以说是一种等价交换的过程。在经济学上颇有影响力的公共选择学派就认为，“从某种宽泛而有用的概念意义上讲，捐税也是一种由个人或个人团体为

---

〔1〕 吕忠梅、赵立新：“税法的宪政之维”，载刘剑文主编：《财税法论丛》（第5卷），法律出版社2004年版，第147页。

〔2〕 刘剑文：《税法专题研究》，北京大学出版社2002年版，第100页。

〔3〕 ［日］金子宏：《日本税法原理》，刘多田等译，中国财政经济出版社1989年版，第286页。

以集体方式提供的公共劳务所支付的‘价格’”[1]。

第四，考虑到我国的现实国情，赋予国家司法清算的提起权有利于政策目标的实现。法律制度的设计，必须要考虑到国情。前文已述，公司司法清算的公共政策目标第一条就是维护社会的稳定，而这正与国家的利益中最大的利益相一致。国家最大的利益不是财产性利益，而是非财产性的利益，即社会的稳定。而且我国的基本国情决定了，在目前市场经济尚不成熟的时期，国家仍然在整个社会中扮演着非常重要的角色，其权威性和影响力要远远大于其他市场主体。在设计一个涉及国家利益的制度时，如果忽视国家利益，可能会导致不平衡，从而发生一系列较为严重的后果，阻碍该项制度政策目标的实现。

综上内容，笔者论述了债权人、股东、公司自身以及国家是否应当具有司法清算的提起权的问题。笔者的结论是，上述四个主体中的三个，债权人、股东和国家，应当具有司法清算的提起权。从这几个主体的先后顺位来说，债权人应当是最优先的，理由是他们最具有利益相关性，也就是利害关系最明显。债权人之后应当是股东，股东也有较大的利益，而且股东还可以代表公司提起司法清算。而国家作为公债权人，其债权应当劣后于前两者，位居第三。

现行的司法解释将原有的公司法的司法清算提起权主体从债权人扩大到了股东，其顺位劣后于债权人，这一思路与本书是契合的。但是现实中，可能存在无人申请司法清算的情况。这种情况可能发生在股东人数较少，而某些股东（大股东）不

〔1〕［美］詹姆斯·M. 布坎南：《民主财政论》，穆怀朋译，商务印书馆 1993 年版，第 16 页。

知其踪的情形。笔者曾经遇到过一个案例，企业的两个股东均不知其踪。由于公司业务较少，除了拖欠职工工资外，无其他债权人。但是职工作为仅有的债权人，却不愿意提起司法清算，其背后的原因在于，根据现行的《劳动合同法》规定，如果用人单位未按时支付劳动者报酬，则除了足额支付工资外，还需要加付经济补偿金。[1] 只要单位不清算，公司一般也不会支付工资，就造成了《劳动合同法》规定的“逾期不支付”，就要加付经济补偿金。于是职工们乐得继续等待而不去申请司法清算。在这种情况下，国家就有义务主动提起司法清算，从而打破公司僵局。

第二节　督促清算义务人履行清算义务的法律手段

前文已述，清算义务人应当在公司解散后的法定期限内组织清算，了结公司债权债务关系。否则，利益相关人可以向法院申请司法清算。但是，现实中大量存在着公司在被吊销营业执照或自行解散后，清算义务人不仅不主动组织清算，反而携带资金和公司账册、重要的文件资料不知其踪，导致公司不仅无法自行清算，而且即使法院受理司法清算的申请，也无法开

〔1〕《劳动合同法》第85条规定，用人单位未按照劳动合同的约定或者国家规定及时足额支付劳动者劳动报酬的，由劳动行政部门责令限期支付劳动报酬、加班费或者经济补偿；劳动报酬低于当地最低工资标准的，应当支付其差额部分；逾期不支付的，责令用人单位按应付金额50%以上100%以下的标准向劳动者加付赔偿金。

展清算。这种“植物人”公司的存在，严重侵害了债权人及其他利益相关人的合法权益，扰乱了交易秩序，浪费了大量公共资源。因此，应当依法律手段坚决加以遏止，同时督促清算义务人自觉履行清算义务。笔者从民事责任的追究和行政手段的施加两个方面加以论述。

一、民事法律责任的追究

法律责任既是对受害的权利主体的救济，也是对不履行义务的义务主体的惩罚。同时，立法通过设定法律责任，对行为人进行威慑和心理强制，督促其全面适当地履行义务。公司解散后，清算义务人不履行法定的清算义务，债权人和其他利益相关人有权向法院提请司法清算，以维护自己的合法权益。然而，这并不意味着清算义务人可以就此免除相应的法律责任。原因有二：其一，公司清算的目的是理清公司的债权债务，对外行使债权清偿债务，对内理清关系，最后注销公司。因此，由最熟悉公司业务的人参加清算最为合适。自愿清算的效果远比司法清算要好，而且还可以节约司法资源，立法应当鼓励、督促自愿清算。规定清算义务人不履行清算义务的法律责任，可以威慑清算义务人，使其自愿履行清算义务。其二，如果由于清算义务人不履行清算义务，导致公司的财产贬值、流失、毁损或者灭失，就会导致在后来的司法清算中，债权人利益的损失；如果发生公司主要财产、账册、重要文件灭失，则后续的司法清算根本无法进行。因此就必须明确相应的法律责任，以给债权人和其他利益相关人法律上的救济。从这个意义上说，设定法律责任是对公司司法清算作用的补充。

清算义务人不履行法定清算义务，应当承担民事法律责任。这一点在学界已经得到认可，且在《公司法司法解释（二）》中已经得到确认。因此这一责任设立的必要性就不再论证，本节就民事法律责任的种类和性质作一理论上的探讨，以期对相关问题作一厘清。

（一）民事法律责任的种类

公司解散后，清算义务人不履行清算义务，应当承担法律责任，这一点毋庸置疑。有学者认为，此处的法律责任存在着两种责任：清算责任和清算赔偿责任。[1] 根据该理论，清算责任和清算赔偿责任都是由于清算义务人不履行清算义务而导致的责任。“清算责任是指清算义务人在公司解散后，未依照法定程序和期限实施清算而应承担的强制履行清算义务的民事责任。”也就是说，清算义务人未按照法律规定及时组织清算，违反了法定义务，产生了清算责任。“清算义务人未尽清算义务而给公司和债权人造成损失时，应当承担相应的民事责任，是其法定义务向法律责任的转化。”[2] 这种责任的承担方式按照法律规定，是由法院替代原本的清算义务人另行组织清算组进行清算，有点类似于行政法中的“代执行”。清算赔偿责任则是“清算义务人在公司解散后，因未尽清算义务给公司、股东或债权人造成经济损失而应予赔偿的责任制度”。笔者认为，该理论至少存在以下四个主要问题：

---

〔1〕 奚晓明主编：《最高人民法院关于公司法司法解释（一）、（二）理解与适用》，人民法院出版社 2008 年版，第 343 页。

〔2〕 徐力英：“有限责任公司清算义务人责任纠纷之探讨”，载《人民司法》2011 年第 1 期，第 70 页。

第一，法院主持清算的行为不属于法律责任的范畴。范畴是人类在认识客体的过程中形成的基本概念。[1] 法律责任作为一个重要的法学范畴，在法学研究的发展史上有很多种定义加以指称，主要归纳起来有“处罚说”、“后果说”、“责任说”和“义务说”四种。[2] 我国著名法学家张文显教授在总结前人的基础上，提出了“第二性义务论”，又称“新义务论”[3]。笔者在此不想讨论上述定义或者理论的准确性，但是综合五种理论可以发现，法律责任的范畴一般包括违法行为、法律后果、否定性评价、不履行或不适当履行义务而形成的新的负担（义务）等几个要素。从这些要素来看，法律责任区别于“义务”最主要的特征是，它是不履行义务而导致的后果，这些后果一般是由国家强制力对责任承担主体采取科以额外负担的方式使其承担责任，其目的是逼迫责任主体履行本应当履行的义务。而公司解散后，清算义务人不履行清算义务，产生的后果是债权人的债权无法获得清偿，相关法律关系无法得到清理和解除。由于这两者都属于行为义务，具有很强的人身性，无法强制执行，因此法律规定了由法院主持清算的方式。这应当属于履行义务的范畴，属于违法情形发生后后续的补充性义务。按照“新义务论”的观点，它属于“第一性义务”，而不是作为法律责任的“第二性义务”。如果按照法律规范的“假定条件”、“行为模式”和“法律后果”三要素理论，《公司法》及《公司法司法解释（二）》中规定的相关内容可以被分解为三个组成部分——假定

---

〔1〕 张文显:《法哲学范畴研究》，中国政法大学出版社 2001 年版，第 2 页。
〔2〕 张文显:《法哲学范畴研究》，中国政法大学出版社 2001 年版，第 119 页。
〔3〕 张文显:《法哲学范畴研究》，中国政法大学出版社 2001 年版，第 121 页。

条件：清算义务人应当在公司解散后15日内组成清算组开始清算，但是没有如此执行；行为模式：人民法院组织清算组对公司进行清算；法律后果：清算义务人在其造成损失的范围内对公司债务承担赔偿责任（连带责任）。因此从法理学上分析，人民法院组织清算是履行义务的形式，属于行为模式，而不是法律责任。

第二，将清算义务人不履行清算义务情形下，法院主持清算看作是清算人的法律责任，不符合“义务—责任”一体的基本原则。一般情况下，责任作为主体不履行义务的法律后果，其承受主体一般与义务主体是同一个，除非有特殊情形（比如义务主体购买了责任保险等情形）。而按照“清算责任”观点，义务主体是公司的清算义务人，但责任主体无法找到。因为在司法清算的情形下，没有人承担不利的法律后果，只有法院组织人员进行清算。如果勉强而言，公司自身则可以看作是责任主体，但是清算义务人根本不需要承受任何责任。这显然与有关法律责任的一般理论有冲突。

第三，无法起到惩戒不履行义务的主体的作用。设置法律责任的理由一是威慑义务人，使其不敢不履行义务；二是要在义务主体不履行义务后，通过责任的承担来弥补不履行义务的不良后果；三是对不履行义务的主体进行惩戒，使其不敢再犯。而如果将法院组织的清算作为一种“清算责任”加以规定，则根本起不到惩戒不作为的清算义务人的作用，因为他们在这种责任之下毫发无损。而只有清算赔偿责任才真正地对那些清算义务人起到了惩戒作用，强迫他们对由于自身的行为造成的损失进行赔偿。

第四，“代执行”理论在公司清算责任中无法适用。按照“代执行”的理论，应当由义务人支付执行的费用，以此作为对义务人不履行义务的惩戒。然而即使是这种责任，在公司清算责任中也无法存在。因为在现实中，公司的清算需要一笔启动资金，而且在清算过程中可能发生其他费用的垫付，更为重要的是，公司清算需要使用公司的账册、各类商业簿记以及一些文件，如果公司股东会、董事会、经理等不予配合，清算无法进行。从这个意义上说，采取“代执行”的方式作为清算义务人不履行清算义务的责任也是不存在现实基础的。

综上，所谓“清算责任”在我国法律（司法解释）中其实并不存在，真正的责任是清算赔偿责任：首先，从“法律责任”的理论来说，这种赔偿责任是在清算义务人不履行义务后对其科以的不利后果，而不是清算义务本身。因此其符合有关“第二性义务”的特征，也符合公司清算义务人不履行义务而自行承担责任的主流观点。其次，公司清算必须依赖公司清算义务人的主动作为才能够进行，如果其不作为，则以公司债权人为代表的利益相关人的利益无法实现，而这种权利的无法实现构成了清算赔偿责任的理论基础。最后，公司清算义务人不履行清算义务，造成了公司财产的减损，由此给公司的债权人以及其他利益相关人造成了损害，这种损害就成了清算义务人承担赔偿责任的现实基础。所以，在公司清算义务人不履行义务的情况下，不存在清算责任，只有清算赔偿责任。

另外，从我国历来的国家层面和地方层面的立法规定来看，所有的针对清算义务人不履行清算义务的法律责任都是赔偿责任。国家层面的，如2002年的最高人民法院《关于审理解散的公司法人所涉民事纠纷案件具体适用法律若干问题的规定（征求意见稿)》中规定：清算义务人在规定的时间内未依法履行清算义务，造成清算法人财产流失、贬值等实际损失的，债权人可以以侵权为由，要求清算义务人对扩大的损失部分承担民事责任。对于逾期清算所产生的损害赔偿责任，其责任范围应限定在清算义务人未尽清算责任的损失范围之内。地方层面的，如北京市高级人民法院《关于企业下落不明、歇业、撤销、被吊销营业执照、注销后诉讼主体及民事责任承担若干问题的处理意见（试行)》中规定，清算主体在法院确定的期限内未尽清算责任（此处应为清算义务，下同——笔者注)，或在企业存在歇业、撤销、被吊销营业执照等情形后一年内不尽清算责任，造成企业财产损毁、灭失、贬值等，致使债权人的债权遭受实际损失的，清算主体应对债权人的损失承担赔偿责任。赔偿责任应限定在清算主体未尽清算责任所形成的损失范围内。除此之外，广东省高级人民法院、江苏省高级人民法院也都有类似的规定。可见，对于清算义务人未尽清算义务的法律责任，从立法上也只存在一种赔偿责任，而所谓的“清算责任”仅仅是一种义务而已。

所谓的“清算责任”观点从何而来？笔者认为，主要是由于“责任”一词的含义本身较为模糊。“责任”一词，在日常生活中既可以解释为“应当做某事”(即义务)，也可以解释为违反某种规定后所承担的后果。显然这种将清算责任与清算赔偿责任并列为不履行清算义务的法律责任的观点是将清算“责任”与清算“义务”进行了混淆，从而将本应当依法履行的清算义务当成了法律责任。

（二）承担清算赔偿责任的法理依据

清算义务人不履行清算义务，造成了利益相关人的损失，应当承担清算赔偿责任，这一点毋庸置疑。然而其承担该责任的具体法理依据是什么，理论界众说纷纭，主要集中在公司法人人格否认理论、合同附随义务理论和一般侵权责任理论三种。

1. 公司法人人格否认理论

公司法人人格否认，又称“揭开公司面纱”或“刺破公司面纱”制度，一般是指在公司股东滥用公司独立人格和有限责任，逃避公司债务，损害债权人和其他利益相关人即社会公共利益的情形下，否认公司的独立人格，直接责令公司股东对债权人利益或其他利益相关人利益以及社会公共利益负责。当然，前提是形成了债的关系。公司法人人格否认法理最初是作为一种理论，希望在股东滥用公司法人人格和股东有限责任的行为导致不公平的情况发生后进行规制，是为了公平、正义的价值目标的实现。当然，目前很多国家都将公司法人人格否认明确作为法律条款写入了公司法等法律，这使得这一理论的适用更加权威、便捷和有效。

有学者认为，在公司清算中，可能导致公司法人人格被滥用的情形包括：清算人不主动清算或怠于履行清算义务；公司财产与股东财产无法相互独立而导致无法清算；公司“内部人”利用职权故意使公司清算无法进行或即使进行也会导致资不抵债。如果上述情况发生，恪守所谓的公司人格独立和有限责任会造成对于债权人、其他利益相关人和社会公共利益的极大不公平，严重违背法人制度设立的初衷，严重损害社会公平正义和正常的交易秩序，因此公司法人人格否认制度在此时可以适用。[1]

然而，笔者认为，公司法人人格否认不能够适用于公司清算中的对清算义务人作为或者不作为的法律责任追究。原因在于，英美法中公司法人人格否认法理适用的情形，主要有以下三个：利用公司形式规避法律义务，损害国家或社会公共利益；利用公司规避契约义务，损害债权人的利益；利用公司诈害第三人。我国学者则将其总结为四个方面：滥用公司法人人格诈害公司债权人；滥用公司法人人格回避契约义务；滥用公司法人人格回避法律义务；公司形骸化。[2] 从以上归纳的适用情形来看：其一，公司法人人格否认制度是一个“法律工具”而不是一个基础理论。该工具可以配合其他实在法（理论）共同作用，如果该实在法（理论）是合同法，则应按照合同理论追究责任，如果该实在法（理论）为侵权法，则按照侵权法理论追究责任。[3] 其二，公司法人人格否认的适用条件比较严格。我国《公司法》第20条规定：“公司股东应当遵守法律、行政法规和公司章程，依法行使股东权利，不得滥用股东权利损害公司或者其他股东的利益；不得滥用公司法人独立地位和股东有限责任损害公司债权人的利益。公司股东滥用股东权利给公司或者其他股东造成损失的，应当依法承担赔偿责任。公司股东

〔1〕 陈婷：“论公司法人格否认原理在公司清算中的适用”，载《商场现代化》2008年第23期，第257页。

〔2〕 朱慈蕴：《公司法人人格否认法理研究》，法律出版社1998年版，第154页。

〔3〕 朱慈蕴：“公司法人格否认法理与公司的社会责任”，载《法学研究》1998年第5期，第87页。

滥用公司法人独立地位和股东有限责任，逃避债务，严重损害公司债权人利益的，应当对公司债务承担连带责任。”它有明确的适用条件，即：从适用范围来看，只能适用于公司的股东，因为该制度设立本身就是为了防止股东滥用公司独立人格损害利益相关人利益的。而且有的理论甚至认为只适用于控股股东，因为他们才是真正有权利滥用公司独立人格的人，小股东则不仅不是“作恶人”，反而有可能成为受害者。[1]从制度设立的本意来说，它是用来解决滥用法人独立人格和股东有限责任给他人造成损害的情形。何为“滥用”，笔者认为不宜做扩大解释，不应当在一发生公司资不抵债或股东有违法情形的情况下就适用该原则，也不应当在债权人无法获得清偿的情形下随意地适用。因为法人有限责任制度的设立初衷就是通过责任的有限性来降低和分散风险，从而激发投资热情。一旦这一底线被打破，将会极大地打击整个社会的投资热情，影响经济的发展和社会的稳定。在适用法人人格否认制度时，最重要的标准是是否出现了股东自然人和法人的人格混同，具体表现为财产混同。只有具备这一条件，才有可能考虑适用人格否认制度。因此在公司清算中，只有清算义务人怠于履行清算义务或者胡乱作为导致清算无法进行的，如果不涉及股东个人与公司财产的混同——而且往往需要发生严重混同，造成严重后果——则不应考虑适用公司法人人格否认制度。

2. 合同附随义务理论

合同附随义务是一种由诚实信用原则衍生的合同义务。诚

〔1〕朱慈蕴：“公司法人格否认法理与公司的社会责任”，载《法学研究》1998年第5期，第87页。

实信用原则本来是一项道德规范，后来基于其在市场经济社会的极端重要性而上升为法律原则。诚实信用原则要求人们在进行民事活动时具有良好的主观心理状态，这种心理状态应符合“善意、诚实、信用”的要求。“善意”要求人们在进行民事活动时不能有损人利己的心理，并且要以应有的注意程度注意防止损害他人利益。“诚实”要求人们在进行民事活动时实事求是，对他人以诚相待，不得为欺诈行为。“信用”要求人们在进行民事活动时要讲究信誉、恪守诺言，严格履行自己承担的义务。[1] 合同附随义务中的后合同义务要求合同当事人在合同终止后，也应当基于诚实信用原则，承担保密、通知、协助对方善后等义务。尤其是在委托合同情形下，在委托合同终结时，存在有害于委托利益或者第三人利益情形的，被委托人应当继续承担一些义务，以保证委托人的利益不受损害。我国台湾地区所谓“民法典”第551条规定，委任之消灭有害于委任利益之虞时，受任人或其继承人或其法定代理人于委任人或其继承人或其法定代理人能接受委任事务前，应继续处理其事务。[2] 我国《合同法》第412条也有类似的规定。

该理论认为，既然公司是合同的联结，那么公司与董事的关系在合同上应被理解为委任合同。因此公司解散可以理解为公司与董事委任合同的解除，即委任合同终止。此时公司应当进行的清算，是为了公司的利益，也是为了债权人和其他利益相关人的利益。作为受托人的董事应当按照合同附随义务理论，

〔1〕 江平：《民法学》，中国政法大学出版社2000年版，第66页。

〔2〕 韩长印、楼孝海：“建立公司法定清算人制度”，载《法学》2005年第8期，第89页。

承担起清算义务。

该理论能够解释清算赔偿责任承担的原由，但其囿于委任合同和“企业契约”理论的框架，只能将责任主体归于董事，而无法扩大到股东（积极股东），因此值得商榷。

3. 一般侵权责任[1]理论

我国侵权责任理论认为，构成侵权责任的四个要件是：违法行为、损害后果、违法行为与损害后果之间的因果关系以及主观过错。公司解散后，清算义务人不尽清算义务的不作为包括：不成立清算组和虽然成立清算组，但是不履行清算义务两种情况。《公司法司法解释（二）》规定，第一种情形下，清算义务人未在《公司法》法定期限内组织清算组开始清算，造成公司财产的贬值、流失或者灭失的，应当在造成损失的范围内对公司债务承担赔偿责任。第二种情形下，清算义务人虽然已经尽了组成清算组的义务，但是怠于履行其自身的清算义务，比如提供账册、公司日常经营的材料等配合清算组清算，使得清算无法进行。这期间内，如果造成了公司主要财产、账册和重要文件等灭失，最后无法进行清算的，应当对公司的债务承担连带赔偿责任。在上述两种情形下，公司清算义务人的行为违法性和造成的损失以及因果关系，均很明显，无须多言。但在以下两个问题上，学界有所分歧：

第一，侵权的对象。根据传统的侵权理论，侵权的对象只能是绝对权，而清算义务人不作为造成的后果是公司债权人的

〔1〕此处指的是民事侵权责任。当前，学者对于商法问题是否可以适用民事侵权理论存在一定争议，本书采“适用说”，即认为民事侵权理论可以适用于商法领域。

债权无法实现，侵害的是作为相对权的债权。对此笔者认为，随着社会的发展，对债权造成侵害的情况越来越多，如果拘泥于传统侵权理论，则会造成很多侵害债权的情形无法得到救济。因此，现代侵权理论基本已经接纳债权作为侵权的对象。如美国《侵权法重述——纲要》第三十七章在对合同或未来合同关系的干扰中进行了明确的说明。该章第 766 节“对第三人履行合同的故意干扰”和第 766C 节“对合同或未来合同关系的过失干扰”都对侵害债权进行了明确的说明。[1] 另外，如果按照传统的侵权责任理论，清算义务人不履行清算义务，造成公司财产减损、账册材料灭失，侵害的是公司的财产权，则应当由公司出面向清算义务人主张权利，得到赔偿后，再向债权人清偿。显然，公司的解散和清算组无法组成导致的公司主体缺位，使得这一主张根本无法实现，而且即使能够实现，也是耗时费力，浪费大量诉讼资源。因此从方便维权的角度来看，也应当直接适用侵害债权理论。而且，我国《侵权责任法》也未否认将债权作为侵权对象。该法第 2 条虽然对作为侵害对象的“民事权益”进行了列举，但是从文义来看，用“包括……等人身、财产权益”的行文方式，明确了侵权的对象不限于该条所罗列的权利，还包括其他权利在内。因此，对于侵害债权作为侵权行为进行责任追究在理论上是可行的。

第二，清算义务人的主观过错认定问题。主观过错包括故意和过失。如果清算义务人故意不履行清算义务，造成损害结果的发生，其过错是明显的，无须多言。过失是一种由于疏忽

---

〔1〕［美］肯尼斯·S. 亚伯拉罕、阿尔伯特·C. 泰特：《侵权法重述——纲要》，许传玺等译，法律出版社 2006 年版，第 233 页。

大意或者过于自信而未尽法定或约定义务的状态。在现实中，法律对于过错的认定一般以违反法定的注意义务作为衡量标准。法律上的注意义务可以进一步细分为：普通人的注意义务、低于普通人的注意义务、职业人员的注意义务和高度的注意义务。对于不同主体的注意义务的分配是立法者的重要任务。一般而言，注意义务的分配要考虑主体的年龄、心智水平、专业水准、所处的特殊环境以及可能影响的人群范围大小等。年龄越小、心智水平越低，则注意义务也越低，越是专业水平高，可能影响的人群越大，则注意义务就越高。所谓普通人的注意义务，是法律设定的一个在发生侵害事件的环境下的“正常人”应当对某一个事务所具备的注意义务。由于该义务一般被用作衡量各类人注意义务的标准，因此该义务设定时考虑的因素较多，一般包括行为人所处的环境、人与人之间的区别、行为人面对的风险以及对该风险的应对能力、行为人必须采取的行动等。[1]该人有时被称作“具有普通理智的正常人”、“通常有理智的人”、“具有平常理智的人”等。[2]

在这一标准基础上，对于儿童、弱智人，法律一般设置低于正常人标准的注意义务。这是基于他们的生理发育水平和心理、智力水平科学设定的。而在社会各行业中的专业人士，如医生、律师、建筑师等，他们在从事本行业的工作时，应当承担高于上述“正常人”的注意义务。这些人在我国民法理论上

〔1〕［美］肯尼斯·S. 亚伯拉罕、阿尔伯特·C. 泰特：《侵权法重述——纲要》，许传玺等译，法律出版社2006年版，第50页。

〔2〕［美］肯尼斯·S. 亚伯拉罕、阿尔伯特·C. 泰特：《侵权法重述——纲要》，许传玺等译，法律出版社2006年版，第51页。

被称为“专家”[1]，在德国民法上，这些人被称为“自由职业者”[2]。对这些人设定较高的注意义务标准是基于三个原因：其一，他们（包括律师、注册会计师等）都是受过较高水平的教育（一般要求高等教育本科以上），经过一定时期专门培训的人。而且，大部分人员须经过专门的国家级资格考试后方能获得资格，获得资格后还需经过一段时间的实践锻炼方能执业。因此在智力水准上应当处于社会平均水平以上。对他们科以较高的注意义务标准，有较充分的物质基础。其二，这些人一般从事医疗服务、法律服务、审计服务、建筑设计服务等事业，其特点在于服务的对象是广大人民大众和所有企业，很多项目属于社会中介服务，须出具具有社会公信力的文件，涉及人民群众的生命健康和整个社会的经济秩序和经济安全，甚至影响到社会的和谐稳定。其三，专家的服务规范一般有明确的法律依据，如《执业医师法》、《律师法》、《注册会计师法》等。这些法律往往对专家在执业时的规范和注意义务作了明确的规定。此类人违反上述较高的注意义务，给他人造成损害，如医疗事故，应当承担相应的法律责任。

高度注意义务是一种高于上述“专家”注意义务标准的更严格的注意义务。在公司法领域，这种高度的注意义务是建立在公司法上的注意义务基础上，又根据行为人的身份和其所处的环境而设定的。公司法领域中的注意义务是诚信义务的组成

---

〔1〕 梁慧星：《中国民法典草案建议稿附理由（侵权行为编）》，法律出版社2004年版，第55页。

〔2〕［日］浦川道太郎：“德国的专家责任”，载梁慧星主编：《民商法论丛》（第5卷），法律出版社1996年版，第534页。

部分。诚信义务又称信义义务、信托义务，源于英美法国家的信托理论，后被广泛地运用于公司法等领域。原本诚信义务是指“受信人”基于信义关系，而对受益人产生的法律义务。信义关系虽然是一种基于合意的关系，但是由于在这种关系中，受信一方实际上支配了委托人的财产，而且可以在不通知委托人的基础上使其处分行为对委托人产生法律上的效力，因而要求受托人对于委托人有更高的法律义务。其核心是“受信人只要委以信任，那就必须全力以赴地为他人的利益，而不得有任何欺骗；一旦获得影响力，那就不得利欲熏心，工于心计和损人利己；一旦掌握了个人控制的手段，这些手段必须只限于诚实的目的”〔1〕。公司法中的诚信义务（信义义务）可以分为两个具体的义务——忠实义务和高度注意义务。忠实义务主要是指：在执行公司事务时或在担任公司职位期间必须全心全意为公司服务，不得追求公司利益以外的利益，不得追求个人利益。注意义务主要是指，在管理公司事务时，应当尽到一个有理性、谨慎的人在同样情况下应当尽到的注意。〔2〕对于这两者的关系，学者也有不同的看法。有人认为是两个的独立义务，互不隶属。也有学者认为并不独立，其中忠实义务是注意义务的一种形态〔3〕。但是无论是“相互独立说”还是“同一说”，有一点为学界所认同，就是基于信托关系而承担的一种在公司经营和管理中较高标准的诚信义务。这种义务不仅体现在日常的管理技

〔1〕 张开平：《英美公司董事法律制度研究》，法律出版社 1998 年版，第 159 页。

〔2〕 张民安：《公司法上的利益平衡》，北京大学出版社 2003 年版，第 387 页。

〔3〕 ［日］末永敏和：《现代日本公司法》，人民法院出版社 2000 年版，第 146 页。

能上，更体现在其对于公司的管理态度上，尤其是在公司利益与个人利益发生冲突之时如何取舍的问题上。

在上述注意义务的基础上，笔者认为在公司解散后，作为公司清算义务人的股东、股份有限公司的董事、控股股东等应当具备更高的注意义务，及时组织清算。这是因为如果不及时清算，公司财产会不断减损。而且公司解散后管理处于相对真空状态，原有的治理模式被打破，新的治理模式尚未形成，人心涣散，很容易使公司的账册、重要文件等灭失，导致根本无法清算。债权人、其他小股东就可能面临无法挽回的利益损失。从利益相关人的角度看，还会影响国家利益、消费者利益等。此时的注意义务已经与公司正常经营时公司的股东、董事和高级管理人员的注意义务有了较大的区别，要求他们更加谨慎，要将对其他利益相关人的关注置于对自己利益的关注之上。如果达不到这一标准，就构成了过失。

公司解散后，清算义务人应当承担高度的注意义务，其理论依据主要是诚实信用原则和权利不得滥用原则。诚实信用原则前文已述，不再赘述。权利不得滥用原则是指任何人在行使自己权利的时候，应当本着善良的目的，在自己权利的范围内行使，不得以侵害他人利益为目的而行使自己的权利。权利不得滥用原则就其要旨来说，就是要求民事活动的当事人在行使权利、履行义务的时候，实现个人利益与社会利益的平衡。[1]在某种程度上，权利不得滥用其实是诚实信用原则的当然内容，

〔1〕 徐国栋：《民法基本原则解释——以诚实信用原则的法理分析为中心》，中国政法大学出版社2004年版，第167页。

是其反面规范。[1] 对于构成权利滥用的标准，各国、各地区都有各自的标准，先后有过故意损害、缺乏正当利益、选择有害的方式行使权利、损害大于所取得的利益、不顾权利存在的目的以及违反侵权法的一般原则等。[2] 公司解散后，清算义务人基于自身的地位和职责，应当本着高度诚实信用之心，组织清算，履行法定义务。如果他们不作为，甚至故意为一些妨碍清算的事，便构成了权利的滥用，也违背了诚实信用的原则。

公司解散后，清算义务人应当基于高度的注意义务而主动进行清算，让公司合法地退出市场，这既是对公司负责也是对股东负责，更是对债权人和其他利益相关人负责。这种负责的精神正是履行高度注意义务的体现。而那些在公司解散后不及时成立清算组清算，怠于履行清算义务，甚至为了一己私利不履行清算义务而携款潜逃的行为，则因为严重违反高度注意义务而构成过失。

综上，对于高度注意义务的违反，导致了清算义务人在不履行清算义务时的过失，应当承担对于受害人的赔偿责任。因此，清算义务人不履行清算义务导致的清算赔偿责任属于侵权责任。受害人可以侵权为由要求清算义务人对损失进行赔偿。

就侵权赔偿责任的承担而言，《公司法司法解释（二）》第18条已经明确列明，即承担补充赔偿责任和连带赔偿责任。而具体在运用过程中要注意：

---

〔1〕 徐国栋：《民法基本原则解释——以诚实信用原则的法理分析为中心》，中国政法大学出版社2004年版，第90页。

〔2〕 参见中国人民大学法律系编：《外国民法论文选》（二），中国人民大学出版社1986年版，第437页。

在第一种情形（补充责任）下，虽然该责任的行为方式比较容易认定，只要其在法定期限内未成立清算组即可，但对于公司财产的减少部分是一个难点，这涉及补充责任的大小。对此，有学者提出可以通过诉讼法上的“谁主张，谁举证”的方式解决，即由债权人向法院主张财产减少的数额，由法院认定。〔1〕此种观点虽然能够解决司法实践中的一些难题，但仍只是一种基于诉讼法的救济方案，仍需提出实体法上的解决方案。可以考虑引入第三方审计机构，对公司财产进行审计，得出财产减少额。

在第二种情形（连带责任）下，需要对“无法进行清算”这一关键要件进行认定。对此，可以采取将相应的举证责任分配给清算义务人的方式，即采取举证责任倒置的方式，加以解决。之所以采取这一方式，主要是因为债权人和公司清算义务人对于公司财产、账册和重要文件的掌握程度完全不同，体现了程序公平。这一点已经有相应的判例加以支持。〔2〕

二、其他措施的运用

前文已述，目前困扰公司清算的最大问题就在于，大量的企业在被吊销营业执照或自行歇业后，股东、董事或实际控制人不知其踪。而相关的公司账册、文件档案等均不翼而飞，即使司法清算的申请被法院受理，也会面临着根本无法进行清算

---

〔1〕王益华、李延强：“公司清算义务人清算赔偿责任的几点思考——解读《公司法》司法解释（二）第18条、第19条”，载《山东审判》2011年第5期，第88页。

〔2〕参见李原：“营业执照被吊销后股东怠于履行清算义务的责任承担”，载《人民司法》2011年第20期，第34页。

的局面。对于这些公司的股东、董事或实际控制人仅科以民事法律责任显然是不够的。因此应当利用其他手段，迫使其履行清算义务。

（一）公司解散登记备案

《德国有限责任公司法》第 65 条第 1 款规定：公司解散应当向商业登记所申请登记。《美国标准公司法》第 85 条规定：解散意向申明应当向州务卿备案。获得州务卿认可，并支付了相应的费用后，州务卿应当①在每一份复制件上签署“已备案”字样，并标明年月日；②将其中一份复制件放在其办公室作为备案；③将另一份还给公司。根据上述规定可知，成熟的市场经济国家，如美国、德国，对于公司解散均有明确的备案制度，而在美国甚至将公司解散作为一项类似于审批的程序进行操作。备案的目的在于：一方面可以通过备案并且公示，让公司解散的信息得以公开，使其置于公众的视野之下；另一方面，也可使公司登记管理机构掌握相关信息，从而使得其后续的清算活动受到监督和督促。[1]

我国目前尚无这一制度，这使得公司的股东、董事等清算义务人在公司解散且不及时清算时，可以任意变更解散时间，从而使得法定的 15 天期间的开始日期变得可以任意推迟。这样相应的法律责任就难以追究了。而如果建立公司解散登记备案制度，至少可以使得公司解散登记后的 15 日期间相对固定，一方面督促公司早日清算，另一方面为今后的追究责任打下基础。

---

〔1〕 徐蓉：“公司非破产清算中保护债权人利益的法律思考”，载《社会科学研究》2005 年第 2 期，第 84 页。

（二）查封、扣押、冻结个人财产

我国《民事诉讼法》规定，对于拒不执行法院生效司法文书所设定的义务的，人民法院可以对其个人财产实行查封、扣押、冻结等措施，迫使其履行相关义务。这些措施的目的是通过对被执行人财产流动性的限制，迫使其执行司法文书所设定的义务。这些措施同样也可以适用于不履行清算义务的清算义务人。主要理由是：

第一，上述措施的设立目的是督促、迫使被执行人主动履行司法文书设定的义务。而清算义务人不履行法定的清算义务，伤害的利益人群更广、程度更加严重。为了迫使其履行上述原则，应当可以适用这些措施。

第二，上述措施所适用的范围一般是被执行人负有金钱给付义务。因为只有针对负有金钱给付义务的被执行人采取上述措施才有意义。而在清算义务人不履行清算义务的情形下，一般就是因为清算义务人试图逃避债务。因此，对其采取上述措施也是有意义的。

第三，上述措施只是对被执行人财产的一种强制措施，通过限制资金的流动性，迫使其履行义务，而并没有实质性地扣划其财产。这一点也恰恰适合针对清算义务人不履行清算义务时的情形。因为清算的对象不是清算义务人，而是公司。因此，即使采取特别的措施，也不应当对清算义务人的财产进行扣划。而上述措施既可以起到督促、迫使其履行义务的作用，又可以不对其财产产生实质性影响。

对清算义务人采取上述措施的前提，应当是法院已经受理了债权人或其他利益相关人的司法清算申请，并且发现公司的确因为清算义务人的不作为而导致无法清算。而且该措施也应当由司法清算提请人申请后，经法院批准再进行。因为该措施毕竟是对清算义务人的财产的强制。而且该强制的实行，必须要在其他措施无法奏效的情况下才能进行。这也是对清算的利益和清算义务人的利益进行了衡量后，得出的结论。司法清算作为一种民商事非讼程序，当事人应当对其权利、义务有处分权。如果债权人等利益相关人不申请，则推定他们放弃该权利，法院也不应当依职权加以干涉。

（三）限制出境

限制出境，一般是指为了保障法院判决的顺利执行，而对案件的当事人进行人身自由的限制，不允许其离开本国的措施。《外国人入境出境管理法》第 23 条和《出境入境法》第 12 条规定，对外国人和中国公民在大陆境内有未了结的民商事案件，人民法院可以决定其限制出境措施。2007 年修改的《民事诉讼法》新增加了一条即第 231 条，其规定："被执行人不履行法律文书确定的义务的，人民法院可以采取或者通知有关单位协助采取限制出境，在征信系统记录、通过媒体公布不履行义务信息以及法律规定的其他措施。"对于限制出境措施的性质，大多数学者认为限制出境措施属行为保全性质。因此，该措施只是暂时对被限制人的活动空间的限制，既不是处罚，也不是处分。[1]

在公司的清算中，如果有清算义务人不履行清算义务，而且不知其踪，公司的账册等重要文件又无法找到的情况，可以

〔1〕类似于大陆法系中的假处分制度，英美法系的禁令制度。

采取限制出境的办法，既防止其逃离国境，又通过对被申请人的活动范围进行限制，从而迫使其出现，并履行相关义务。由于该措施已经涉及了对人身的限制，因此其适用条件更加严格：①人民法院已经批准了公司司法清算的申请；②公司由于清算义务人的失踪而无法清算；③清算义务人在我国大陆范围内无其他的财产，或者财产根本无法支持公司的司法清算；④限制出境措施的适用必须情况紧急，如不采取该措施，其本人或者其法定代表人或者业务主管人员出境可能造成案件无法审理；⑤限制出境措施的适用应基于当事人的申请，理由如前。对于是否要求申请人提供担保的问题，笔者认为，考虑到公司司法清算已经受理，案件本身只是一个非讼案件，因此不存在胜诉或者败诉。在能够知道公司清算义务人的姓名（身份证号码）的情形下，可以不要求申请人提供担保。但是如果无法找到公司清算义务人的姓名（身份证号码），则应当要求申请人提供担保，以防止侵害到无辜的人。

本章小结

本章主要讨论了司法清算的启动机制，并对督促清算义务人履行清算义务的法律手段进行了研究。公司清算的原因是解散。公司解散是公司为了自我终结，退出市场，而在法定或者章程规定的事由发生后，或经股东会决议后，停止经营活动进行清算的行为。公司解散分为自愿解散和强制解散，其中强制解散又分为行政解散和司法解散。本章主要讨论司法解散。司法解散的最主要原因是公司僵局。

立法在选择赋予哪类人以公司解散起诉权的时候，考虑到了两个方面的利益平衡：一是起诉股东与其他股东之间的利益平衡；二是大股东与小股东之间的利益平衡。而在确定起诉条件时，也体现了利益平衡的思想。比如《公司法司法解释(二)》中强调了“持续两年以上”不能召开股东会或股东大会，以及股东以知情权、利益分配请求权等权益受到损害，或者公司亏损等理由提起解散公司之诉的，人民法院不予受理。这些都体现了立法在赋予了股东解散公司起诉权的同时，考虑到一些股东不愿意解散公司的意愿而对希望解散公司的股东进行了限制，再一次体现了利益平衡。除了在立法方面的平衡，司法机构在处理有关公司解散的个案的时候会针对个案的具体情况进行平衡。本书举一案例说明情况。该案中原被告共同出资成立一家公司，但由于双方相互违约，导致双方均对对方丧失了信任，公司无法继续运行，一方股东提起公司解散之诉。法院经过审理后认为，公司僵局的发生是由于双方违约，且公司仍然存在继续存续的可能性。因此判决驳回了原告的诉讼请求。将该案的判决置于利益平衡的视野下可以发现，法院在对该案审理时，首先在起诉股东的利益和公司自身利益（永久存续）之间进行了平衡，而后又在起诉股东和未起诉股东利益之间进行了平衡，另外还考虑了公司职工、社会稳定等方面的利益因素。因此该判决是在多个回合的利益平衡之后作出的。

公司解散后，股东应当在15日内主动清算。但现实中存在着大量的解散不清算的情形，因此法律赋予了部分主体以司法清算的提起权。是否赋予一类主体司法清算的提起权、该主体的权利顺位如何，应当以该主体在公司清算中所具有的利益多寡，即利益相关程度为准。首先是债权人，其在清算中具有最直接和最重大的利益，因此应当居于最优先的位置。其次是股东，由于股东可能在清算后分得部分剩余，因此也具有利益。但由于司法清算是在股东不履行清算义务时才启动的，因此股东虽然具有利益，但是其提起司法清算的权利应当劣后于债权人。再次是公司自身，公司虽然有明显的利益，但由于公司已经解散，且其本身由股东代理，因此不再赋予公司司法清算的提起权。最后是国家，国家虽然不是“企业契约”理论中的契约一方，但是有明显的利益，也应当被赋予提起权。

公司解散后，由于清算义务人不履行清算义务，公司主要财产灭失或者账册、重要文件丢失，将导致公司因此无法清算，因此必须用法律手段督促清算义务人主动清算，包括民事责任的追究和行政手段的使用。在民事责任的追究方面，本章主要讨论了两个问题：民事责任的内容和性质。本书认为，清算义务人不履行清算义务，导致主要财产灭失或者账册、重要文件丢失而无法清算，给利益相关人造成损失的，应当承担的是清算赔偿责任，而不是“清算责任”。因为所谓的“清算责任”并不存在。有些学者所称的“清算责任”在理论上不属于法律责任的范畴，只是清算义务的另一种表达方式；在实践中也根本无法追究。清算赔偿责任应当是一种基于高度注意义务的侵权责任，而不是基于公司法人人格否认法理。高度的注意义务是一种建立在公司清算义务人的身份和当时具体情形的基础上的注意义务。由于公司清算义务人主要是公司的股东、董事和实际控制人，且不及时清算会造成无可挽回的损失，甚至导致无法清算，因此应当对清算义务人科以高度的注意义务。不及时组成清算组或者不清算，造成利益相关人损失的，应当直接科以侵权责任。

然而，对清算义务人科以民事赔偿责任固然能够部分弥补债权人的损失，但是在清算义务人失踪，司法清算由于账册等重要资料无法获得而无法进行的情况下，人民法院应当采取其他的措施来督促、迫使其履行清算义务。此时可以采用公司解散登记备案，查封、扣押和冻结清算义务人的个人财产以及限制其出境等措施。当然该措施的使用应当有一定的前提，如穷尽了其他的救济手段也无法找到清算义务人或相关资料，以及须有利益相关人的申请等。

第四章 司法清算的进行和结果确认中的利益平衡

第一节 司法清算的进行 ——利益平衡作用的展开

一、清算组的法律地位与组成

（一）司法清算机构的性质

人民法院受理司法清算申请后，应当成立清算机构。在我国，法定的清算机构是清算组。对于清算组的概念，历来有各种说法，我国各个地方和部门立法也对清算机构有不同的命名。从《民法通则》、《民事诉讼法》中规定的“清算组织”，到《外商投资企业清算办法》中的“清算委员会”，再到《公司法》中的“清算组”，以及后来的《合伙企业法》、《个人独资企业法》等法律中的“清算人”，不一而足。从这些名称来看，清算组、清算委员会、清算组织均承认了清算组织的组织性，而清算人则否认这一点。[1] 我国《公司法》最终确立了“清算组”这一名称，一方面考虑到我国的公司清算的现实需要——一般需要一个团体进行清算，而个人很难操作；另一方面也考虑到外国立法中一般也采取“清算人会”、“清算委员会”等组织进行清算。

对于清算组的法律地位和性质，历来有两种学说：“独立清算法人说”和“清算事务执行机关说”。而这两个理论又分别涉及一直以来有关清算中公司的法律地位的认定。笔者在导论中谈到，历史上我国公司法理论、立法和司法实践曾经在企业被吊销营业执照后的法律性质问题上有过长期的争论和反复，主要存在着“法人人格消灭说”、“拟制存续说”和“清算法人说”。[2]“法人人格消灭说”的主要依据是国家工商行政管理总局《关于企业法人被吊销营业执照后法人资格问题的答复》(2002 年5 月8 日)：“根据《公司登记管理条例》第3 条和《企业法人登记管理条例》第3 条和第25 条的规定，企业法人营业执照是企业法人凭证，申请人经登记主管机关核准登记，领取企业法人营业执照，取得法人资格。因此，企业法人营业执照被登记主管机关吊销，企业法人资格随之消亡。”以及最高人民法院《关于适用〈中华人民共和国民事诉讼法〉若干问题的意见》第51 条的规定：“企业法人未经清算即被撤销，有清算组织的，以该清算组织为当事人；没有清算组织的，以作出撤销

〔1〕 清算人主要是外国法律的规定，当然，今后不排除对于一人有限公司的清算，国家立法设立单一的清算人。

〔2〕 胡长清：《中国民法总论》，中国政法大学出版社 1997 年版，第118 页。

决定的机构为当事人。”这两个文件分别从实体和程序的角度明确了清算中企业法人资格消灭。

“拟制存续说”认为，公司在清算过程中，作为经济实体仍然存在，其财产、组织机构尚未终止消灭，因此其法人人格并不随公司解散而消灭，在清算目的的范围内仍与解散前公司为同一法人，须待清算终结并经注销后，其人格才消灭。最高人民法院曾在2002年发给辽宁省和甘肃省的复函中指出：企业法人被吊销营业执照后，应当依法进行清算，清算程序结束并办理工商注销登记后，企业法人才归于消灭。其他国家法律，如《日本公司法》第116条规定：公司虽于解散后，在清算范围内，仍视为存续。《德国股份公司法》第264条规定：对于公司，在清算结束前，继续适用关于未被解散公司的规定。美国《标准公司法》第86条也规定，清算中公司除进行必要的终结工作外，应终止经营业务，但公司的法人资格应继续存在。

“清算法人说”在坚持清算中法人资格不消灭的同时，认为由于清算中法人只能进行清算行为，因此与解散前的法人有显著区别，应当单独列为一类，称为“清算法人”。最高人民法院曾经在2002年向社会发出《关于审理解散的企业法人所涉民事纠纷案件具体适用法律若干问题的规定（征求意见稿）》第2条指出，企业法人解散后，其债权、债务未清理完毕的，其性质属于清算法人。其第3条指出，清算法人享有清算范围内的民事权利，可以从事以清算为目的的民事行为，并以清算法人的财产对外承担民事责任。（该稿因后来《公司法》修订的启动而未颁布。）

“法人人格消灭说”的问题在于其在现实生活中遭遇的困

境，即公司解散后，未经清算即消灭人格，债权人如果要追讨债务，则会陷入无人可诉的地步，虽然规定可以以清算人或者上级主管部门作为被告，但是这两者在理论上均无法自圆其说。而且在信用普遍不足的情况下，这种立法无疑会助长公司通过解散而逃避债务的倾向，引发道德风险。而“清算法人说”其实与“拟制存续说”在本质上无甚不同，均承认清算中公司的独立人格。但是前者凭空造出了一个“清算法人”。笔者认为，这种创造意义不大，而且在理论上把同一个公司人为地分割成了两个法人，容易引起理论上的混乱。相比之下，“拟制存续说”能够克服上述问题，且理论上能够自圆其说，已经成为通说。

清算机构性质的“独立清算法人说”正是秉承了“法人人格消灭说”的理论衣钵，承认公司解散（吊销营业执照）后，原公司主体资格已经消灭，由此才会出现“清算组”为独立的人格的理论。正是因为公司解散或者被吊销营业执照后原公司法人人格消灭，所以为了使债权人能够有对象可诉，只能将清算组列为独立的主体。“法人执行机构说”则继承了“拟制存续说”的理论衣钵，认为公司虽然解散，但未注销期间仍然是原公司法人。因此，公司的清算机构应当属于公司的一个机构。这一理论最终也在最高人民法院的《公司法司法解释（二）》中得到了确认。

（二）司法清算机构与被清算公司的法律关系

清算中公司清算机构的性质是公司的执行机构，那么其与公司的法律关系是什么呢？对此，大陆法系和英美法系的理解分别是：“委任说”和“代理说”。“委任说”认为，执行机构与公司的关系应该是民事委任关系，这种委任关系的核心是公司与其执行机构董事会的委任契约关系。[1] 既然清算期间，清算组取代了董事会，那么其与公司的关系也应当是这种委任关系。这一点，有学者在论述公司清算的著作中有所提及。[2] “代理说”其实与“委任说”区别不大，只是强调公司与其执行机构的关系是民事代理关系，将清算组视为公司的民事代理人。然而上述两种理论只限于对自愿清算的清算机构的性质的讨论，而对于司法清算中清算机构的性质，尤其是其与被清算公司的关系，则无能为力了。因为无论是民事委任关系还是民事代理关系，其前提是委任方与被委任方（委托方和代理方）在平等的基础上，建立起信任的关系。而且在形式上，应当由委任方通过某种形式将这种委任关系加以固定，比如公司运行中的股东会对于董事会的任命的决议，自愿清算中，股东会决定成立清算组的决议等。而这些要件显然在公司的司法清算中不存在。从实体方面说，信任关系几乎不存在，从形式上说，也没有公司权力机构的书面委任书（或者委托书）。因此不能将司法清算中的清算组看成是公司委任或委托的结果。

判断司法清算中清算组与公司的关系，应当考虑清算组的成立方式、清算组的职责以及清算组报酬的决定权等方面。

首先是清算组的成立方式。根据《公司法》及其司法解释的规定，人民法院受理了公司清算案件后，应当及时指定有关人员组成清算组。最终选择谁组成清算组的决定权，则归于人民法院。而且根据《公司法司法解释（二)》第9条的规定，司法清算中变更清算组织成员的权力也归于人民法院。从这两条

---

〔1〕 江平：《新编公司法教程》，法律出版社2003年版，第96页。
〔2〕 如苏小勇：《公司清算法律实务》，法律出版社2007年版，第60页。

的规定来看，在清算组的成立和人员的选择方面，人民法院具有决定性权力。[1]

其次是清算组的职责。从清算组的职责来看，根据《公司法》规定，清算组在清算期间代表公司行使各项职权，如清理、保管公司财产，代表公司对外进行与清算有关的民事行为，分配财产等。但是有一点必须明确的是，清算组应当向一个组织汇报自己的工作，得到其认可后方能实施有关方案。这个组织在自愿清算中是股东（大）会，而在司法清算中，则是人民法院。即人民法院在司法清算的过程中，对于清算组作出的清算结论有最终的决定权。

再次是清算组报酬的确定。清算组报酬从清算财产中支取，这点毋庸置疑。然而，对于具体的报酬数额，由人民法院决定。这也从一个侧面说明：在司法清算中，法院对于清算组自身的利益具有很大的控制力。[2]

最后是对清算组议事过程的监督权。根据《会议纪要》第26条规定：公司强制清算中的清算组因清算事务发生争议的，应当参照《公司法》第112条的规定，经全体清算组成员过半数决议通过。与争议事项有直接利害关系的清算组成员可以发表意见，但不得参与投票；因利害关系人回避表决无法形成多数意见的，清算组可以请求人民法院作出决定。与争议事项有直接利害关系的清算组成员未回避表决形成决定的，债权人或者清算组其他成员可以参照《公司法》第22条的规定，自决定

〔1〕《会议纪要》第22条更是详细规定了人民法院指定清算组成员的具体要求和程序，使得法院的权力得到进一步落实。

〔2〕具体参见《会议纪要》第24、25条。

作出之日起60日内，请求人民法院予以撤销。该规定首次详细规定了人民法院对清算组议事过程的监督权。该规定“参照”了人民法院对股东会、股东大会和董事会的议事过程监督权的规定。[1] 根据《公司法》第22条之规定，对于公司董事会决议瑕疵案件，人民法院的司法审查范围限定于：①决议内容符合法律、行政法规的强制性规定，符合诚实信用原则和公序良俗原则，否则，应当认定为无效。②公司董事会会议召集程序、表决方式应当符合法律、行政法规和公司章程，即程序合法。此时应当根据《公司法》第48条予以审查，即是否存在无召集权人召集，未通知部分应与会人员，是否按照“一人一票”表决，并作成会议记录并签字等，是否符合公司章程的特别规定等。③决议内容是否符合公司章程的特别规定等。违反上述第2、3点，股东可以提起撤销之诉。在公司清算过程中，清算组的地位相当于公司日常经营中的董事会。因此其决议也应当对等地受到相应的司法审查。该《会议纪要》的规定正是基于此原因，“参照”了《公司法》的相关规定，属于表决程序不合法的情形。但是该《会议纪要》未对清算组议事过程的其他情形的违法作出规定，可能存在法院监督的空白。

综上，人民法院在司法清算中对于清算组成立、职责、报

---

〔1〕《公司法》第22条第2～4款规定：公司股东会或者股东大会、董事会的决议内容违反法律、行政法规的无效。股东会或者股东大会、董事会的会议召集程序、表决方式违反法律、行政法规或者公司章程，或者决议内容违反公司章程的，股东可以自决议作出之日起60日内，请求人民法院撤销。股东依照前款规定提起诉讼的，人民法院可以应公司的请求，要求股东提供相应担保。公司根据股东会或者股东大会、董事会决议已办理变更登记的，人民法院宣告该决议无效或者撤销该决议后，公司应当向公司登记机关申请撤销变更登记。

酬的确定以及议事过程的监督等清算组的“核心利益”方面，均具有决定性的权力。这又从另一个侧面反映出，司法清算的清算组与被清算公司之间的关系与民事上的委任或者代理的关系有所不同：一方面，以司法权力为代表的公权力在其中具有很强的影响力；另一方面清算组对外是以公司的执行机构处理公司业务，而且报酬由公司财产支付。笔者结合前文有关公司清算的民法解释的研究，即公司清算在民法上可以解释为一种“法定变更代理”，将司法清算中的清算组和被清算公司的关系确定为“司法强制代理”关系。“司法强制代理”的内涵与苏永钦先生所提出的“强制自治”的概念有类似之处。苏先生认为，强制自治是在现代化社会自治与管制关系重新变化组合的背景下，在某些领域替代自治和管制的第三条道路，是国家在必要情形下迫使人民完成一定交易，却不干涉交易内容。[1] 而从公司法和有关司法解释来看，此处的“强制代理”不仅是对于交易关系（代理）建立的强制，而且是对代理合同的内容的强制，甚至连代理合同的执行结果都要受到公权力的监督。

司法强制代理关系的主要特点是：

首先，这种代理带有较强的强制性，但又不乏自治的特征。从一般意义上说，公司法作为商法，本身属于私法的范畴，即整个清算过程应当以意思自治为基础。即使公权力的审查和监督，也只是对过程的程序是否合法，以及结果有无违反禁止性规定等，进行合法性审查。然而正如前述，从清算组的建立和派驻（代理关系的确立）到清算过程中对于核算、清偿过程的

〔1〕 苏永钦：《走进新世纪的私法自治》，中国政法大学出版社 2002 年版，第 62 页。

监督，再到清算方案的确认，均受到法院的制约和监督。然而，在具体清算当中还是尊重清算组（公司股东、中介机构）的意思自治，并且在某些情形下考虑到债权人、利益相关人的利益诉求，体现了商法的自治性。

其次，这种代理是在民事代理模式无法实现的情况下，为了保护利益相关人的利益才启动的。司法强制代理带有很强的公法强制色彩，但这种公法强制色彩的具备是有前提的，即私法自治无法进行或者私主体放弃其私权利。此时，如果公权力不加以介入，则利益相关人的合法利益就面临减损，甚至颗粒无收的可能，而且如果这种情况长期得不到解决而大量积压，会引发社会矛盾，成为社会不稳定的诱因。正是为了保障利益相关人的合法权益，为了保持社会的稳定，公权力才介入。

最后，这种代理模式带有较强的政策性特征。前文已述，在我国的公司法立法领域，无论是法律还是司法解释或者行政法规，都具有较强的政策性，这与我国目前的市场经济转型期的特点相符合。这种政策性，可能表现为公权力对于清算组的监督和控制的模式会跟随形势的变化而有所变化，或者在审查有关结论时候的审查标准会随着形势的变化而有所变化等。

司法强制代理的法理基础在于以下几点：

第一，司法强制代理模式主要适用于公共利益和私人利益交织冲突的情形。该情形下单纯的私法调整或公法调整模式已经无能为力，需要一种兼具公权力和私法特征的调整模式。前文已经论述到，公司司法清算中，交织着各种利益冲突，包括财产性利益之间的冲突，也包括财产性利益和非财产性利益之间的冲突。而非财产性利益一般就是社会性利益、政治性利益等。比如公司大股东在公司解散后拒绝或者怠于清算，则会影响到公司债权人、其他股东以及利益相关人的利益，长期的悬而未决更加会引发社会的不稳定因素。比如，长期拖欠员工工资，则可能会引发因为员工讨薪而导致的群体性事件等。因此，在股东们拒绝或者怠于清算的时候，必须有公权力介入。

第二，司法强制代理模式的形成，也归因于现代社会中，政治国家与市民社会的关系的变迁。上述两者之间的关系，一直是社会变迁的主线之一。不仅在经济上，而且在政治上都存在着“国退民进”或“国进民退”的不断变化与交织：一方面，国家从一个经济的全面干预者变成了“守夜人”，而后再经历经济危机时，又伸出“看得见的手”；另一方面，私法自治的理念不断渗透到公共生活的各个领域里去，就连传统属于公法领地的行政领域，都出现了行政合同。而公司法作为传统的私法领域，也不可避免地受到公法的干预。

第三，法院的功能在不断地拓展强化。前文已述，我国社会长期的公法优位传统本身就导致了国家公权力的强势干预。改革开放以来，行政机关的干预已经慢慢地从一些领域退出，但是原先不被重视，一般只被认为具有事后救济作用的司法权力开始慢慢兴起，其功能从纠纷发生后的定纷止争扩展到了诸如破产、清算等非诉讼领域，且强度越来越大。加之人们对于计划经济时期行政机关乱作为的诟病，使得司法权的主体——人民法院在很多领域得以以一个居中裁判者加利益调解人的面目出现，其地位和作用将不断扩大。

（三）司法清算机构的组成

《公司法司法解释（二）》明确了清算组人员的具体的选择

范围。清算组人员可以从三类人员中指定：第一类是“公司内部人”，包括公司股东、董事、监事、高级管理人员；第二类是中介机构，包括律师事务所、会计师事务所、破产清算事务所等；第三类是上述中介机构中获得相应执业资格的人员。有论著认为，立法之所以选取这三类人，主要出于以下理由：[1] 第一类人对公司的情况非常了解，尤其是对公司的财产、负债等情况，由他们参与清算组，更加有利于清算的顺利进行；第二类人强调的是以一个机构作为整体参加到公司的清算事务中来，可以更好地发挥专业机构的优势，提高清算效率；第三类人参与的理由基本与第二类人相同。

对于上述立法及解释，从利益平衡的角度视之，其缺陷在于：只选择了公司内部人，而缺乏外部利益相关人的参与。从司法解释规定的三类人来看，属于公司的利益相关人的只有公司股东、董事、监事和高级管理人员，而作为公司的最重要利害关系人的公司债权人和一般职工却没有代表加入其中。这会导致各方的利益表达不充分，从而有可能损害债权人和职工的合法利益。中介组织只是作为专业技术人员加入其中，并不是公司的利害关系人。法律也没有授予其特殊的权利可以对上述公司内部人的行为进行制约。

笔者认为，解决上述问题可以有两种方式：第一种方式是坚持清算人队伍的专业化，即培养专业的清算人队伍；第二种方式是充分吸收各个利益方参与到清算组中，让利益各方充分表达。

---

〔1〕 奚晓明主编：《最高人民法院关于公司法司法解释（一）、（二）理解与适用》，人民法院出版社 2008 年版，第 207 页。

在公司的清算中是否需要专业的人员参与清算，应当根据清算的性质加以区分。对于自愿清算，由于公司财产足以偿还债务，且公司股东愿意自行清算，所以一般法律对于清算组成员是否应当具有专业知识不作强制性规定，而是由公司股东自行决定是否需要选聘专业人员加入到清算组中来。但是这并不等于说清算可以不需要专业人员，应当看到，清算的过程相当复杂，需要大量的专业知识，更重要的是需要从业人员的高度诚信和责任心。因此虽然法律不作强制规定，但是实际上，不具备专业知识和专业精神的人是无法承担清算工作的。对于司法清算，当清算组由法院选任时，则为了保证清算工作的顺利进行，对于清算组成员应当要求具有一定专业知识。因为不少的公司之所以无法进行自愿清算，本身就是因为公司清算出现了严重障碍或者公司很有可能资不抵债，此时急需专业人士利用其中立性和专业性从中处理相关事务。中介组织的专业人士的中立性也可以对公司债权人、股东、职员的利益有一定的保障。而且从长远来说，可以培养专业的清算人队伍，以取代目前的会计师、审计师、律师等其他专业人士。清算人应当不仅具有专业知识，而且应当具有独立的法律地位，而不仅仅是提供财务、法律知识的专业人士。立法应当考虑赋予专业的清算人以一定的权利，使其能够具有足够的中立性，摆脱股东等公司内部人的影响和羁绊。

在我国尚不具备专业的清算人队伍的情形下，如何在公司清算组中充分保障除了股东、董事和高级管理人员之外的人的利益是公司司法清算立法的重要目的之一。因为公司的清算显然不是主要为了股东、董事和高级管理人员的利益，而是为了债权人、职工等外部人的利益。要保护他们的利益，首先应当让他们的利益诉求在公司清算组中有表达的机会。而目前的立法（司法解释）却不允许他们参与到公司的司法清算组中去。而只是允许债权人在清算组严重损害公司或者债权人利益时，可以向法院申请更换清算组。这种更换也只能在原有的清算组组成人员范围内挑选，而且仅仅是建议权而已。笔者认为，这种做法不利于公司债权人、职工的利益表达。在我国市场经济仍处于转型期，中介组织不够发达、独立性不足的情况下，想完全依靠独立的中介机构实现分配正义尚不可期。因此考虑到对公司债权人和职工的利益保护，应当规定债权人或者职工可以参加到司法清算的清算组中。当然，如果请孤立的某一个或两个债权人进入清算组，则很难保证他们能够代表全体债权人的利益。因此，笔者建议，如果债权人依据《公司法司法解释（二）》第9条之规定，向人民法院提出申请更换清算组成员，可以同时选举出债权人代表（包括企业职工代表），请求加入清算组。此时，人民法院经审查后，认为符合清算组成员的一般条件的，应当同意。对于债权人申请法院变更清算人的情形，日本《公司法》第478条第3款是这样规定的："虽有前两款规定，[1] 但对于第471条第6项所列事由解散（司法解散），法院依据利害关系人或法务大臣申请或依职权选任。"[2] 由此可以看出，日本公司法对于司法解散后的清算，其清算组不限于

〔1〕"前两款"规定了一般情形下，应当由董事、章程规定者和由股东大会决议选任者作为清算人。

〔2〕王保树主编：《最新日本公司法》，于敏、杨东译，法律出版社2006年版，第275页。

公司内部人，而是可以由法院自行选择。

综上，在当前我国市场经济尚不完备的情况下，中介机构的独立性和职业操守以及专业水准都尚存需改进之处。因此，尚无法建立职业清算人队伍对公司清算进行独立的组织和管理。在此情形下，可以考虑有条件地允许债权人和职工代表进入清算组。

二、公司司法清算的开展

（一）公司财产的清理和保管

清理公司财产，具体包括以下一些内容：

（1）追缴股东未缴足的认缴出资。我国2006年《公司法》修订对企业的资本制度作了较大的修改，从原有的法定资本制改为授权资本制。即将原先的在公司设立时所有股东必须足额缴纳全部的股本，变更为公司股东可以在公司成立时先缴纳认缴额的20%，其余部分在两年内缴齐。如果未在两年内缴齐，则需在补齐的前提下，向其他股东承担违约责任。2013年12月，全国人大常委会再一次修改了《公司法》，取消了首次出资20%和两年内缴齐认缴出资的规定。但是股东仍需按照章程的约定，按期缴满其认缴的出资。然而在现实当中，仍然有很多股东一直拒绝缴付相关的费用，直至公司解散。这种情况将严重影响公司存在的合法性，也会影响公司的债权人的利益。因此，清算工作首先要追缴股东仍未缴足的认缴出资。

（2）了结已签订的合同。已经签订的合同，无论是否到期，由于公司的解散和清算，都应当加以了结。

（3）追讨尚未收回的债权。公司在日常经营中，除了会产生债务，也会产生债权。债权作为公司的积极财产的一种，也属于公司的责任财产范畴。因此，清算组应当通过行使债权，增加公司的金融资产，为偿还债务做准备。

（4）及时变卖一些易腐、易烂及其他不及时变卖将造成无法挽回的损失的物资。

（5）编制财产清单及资产负债表等财务报表。公司清算组在必要时可以聘请专业人员对公司的资产进行评估，以保证确认公司资产的价值的准确性。公司的资产负债表和财产清单的编制应当符合国家财务会计规则的要求，由清算组签字。根据司法解释规定，清算组最后应当将“两表”交给股东会、股东大会或者人民法院确认。

从利益平衡的角度看，上述活动最大的意义在于，通过清算组的工作，最大限度地将公司财产确定下来，并加以列明，从而保障债权人、职工、国家税收的优先实现。如果还有盈余，则可以在股东间进行分配。而且更为重要的是，一旦清算组将公司资产制表确认，就不会私下与任何一个债权人达成协议优先受偿，从而保证了所有债权人的平等受偿。因此，上述工作是保证利益平衡实现的前提和基础。

（二）债权人与清算组的制衡

要实现利益的平衡，就要使各个利害关系人的权利之间有所制衡。这其中，债权人的利益是除了股东利益之外的最重要利益之一。但是司法清算中缺乏像破产程序中的债权人会议这样的利益表达机制，清算组的权利却很大。因此在司法清算中，实现债权人权利与清算组的制衡是实现利益平衡的重要方面。我国《公司法》及其司法解释在这方面制定了多项制度。除了前文所说的司法清算启动机制外，还包括债权通知公告制度、债权人异议制度、清算组禁止行为制度、清算组法律责任追究制度等。

1. 债权通知公告制度

债权通知公告制度是指清算组采取通知和公告的方式将公司解散并进入清算程序的状况告知公司债权人，并以此明示其可以进行债权申报的制度。通知和公告债权人制度既是将企业解散、清算信息公开的重要制度，也是维护企业债权人利益、保障清算事务顺利执行的重要制度。[1]

根据我国《公司法》及其司法解释的规定，对于已知的债权人，清算组应当采取个别书面通知的方式告知；对于未知的债权人，则采取公告的方式催告。这是由于对已知债权人来说，清算组应当报以最大的诚信态度使其知晓公司的清算状况，并通知其申报债权。而对于未知债权人，一般都是公司侵权的对象，如产品责任受害人、环境污染的受害人等，公司由于不知道其具体的身份和通讯方式，一般只能尽到公告告知的义务，其注意义务的要求比较低。我国《公司法》及其司法解释规定了通知方式和范围、公告的媒体种类、通知和公告的时间、不履行通知和公告义务的责任等，但是将公告的次数限制从原有的《公司法》中删除了。《公司法司法解释（二）》细化了《公司法》第185条的规定，明确了一些细节问题。主要是明确了清算组的通知和公告的方式、地域范围等，以及不履行该义务的法律责任。有的外国立法中规定了债权公告通知中必须加入

〔1〕 刘敏："公司解散清算法律制度研究"，中国人民大学2007年博士学位论文。

有关债权人在公告期间内不申报债权将被从清算中排除的内容。[1] 笔者认为，该内容不宜在我国的清算公告通知中出现。这是因为在经济发达国家，信息交流通畅，公司搜集各类信息的机制也比较健全。因此出于提高效率的考虑，也为了督促企业履行适当的注意义务，作此规定无可厚非。但是我国仍然属于发展中国家，信息交流不够通畅，很多公司也根本没有相关的意识。更为重要的是，在当今我国的国情之下，追求公平应当是首要的政策目标，因此为了追求效率而规定在某一期限内不申报债权就要被排除在清算之外，在当下中国是不可取的。

通知公告债权人制度的主要意义在于：

第一，保障债权人的知情权，使其合法债权能够得到清偿。知情权是其他权利行使的保障。清算制度的一个重要目的就是了结公司的债权、债务关系。这当中，信息的传递和交换是基础，否则就会产生信息不对称，就会影响事务的正常进行，影响市场机制的发挥。笔者在前文已经陈述过，公司法为了平衡股东有限责任带来的利益，避免公司非法行为对公司债权人造成损害，提供了对债权人的一般保护，其中一条是公司公开性原则之遵守。该原则规定，公司解散命令的颁发、公司清算人或接管人的任命，都属于公司主动公开的信息。[2] 可以说，公开性原则其实就是知情权在公司法中的具体体现。

第二，使公司资产（债务）和债权能够一一对应，保证清算工作的顺利进行。也可以及时判断公司是否应进入破产清算。

---

〔1〕 转引自王保树主编：《最新日本公司法》，于敏、杨东译，法律出版社2006年版，第285页。

〔2〕 张民安：《公司法上的利益平衡》，北京大学出版社2003年版，第85页。

公司是否进入破产清算的唯一标准是“资不抵债”。因此，必须知道公司债务的数量。

第三，保持公司股东个人的信誉。公司虽然即将消灭，但是股东仍然还要继续在社会上生活。公司股东个人的信誉却会因为其曾经担任公司股东时的表现和行为而受到影响。如果公司股东曾经有过在公司清算时候逃避债务的行为，则会对他的信誉，尤其是经商信誉产生不良影响。

第四，通过立法，强制清算组将公司即将清算的信息公开，防止清算中的舞弊行为。前文已述，清算组的组成中只有公司内部人和专业人员，而专业人员很难对内部人形成制约。因此，立法强制要求公开，其实是对清算组权利的制约，从而防止清算组滥用权利，损害其他利益相关人的利益。

清算组未履行债权通知义务的法律后果，在《公司法司法解释（二）》中也有明确的规定，即债权人有权主张由清算组成员承担相应的赔偿责任。

对于债权人未在期限内申报债权的，法律应如何处理？笔者认为不能简单处理，不能因为其未在期限内申报债权而直接除去债权人的债权。因为此时，债权人与清算组的信息严重不对称，债权人在不知道公司经营状况的时候，没有相应的注意义务。因此，简单的除权不可取，也有违公平。笔者认为可以效法破产法中的措施，允许债权人在公司尚未清算完毕前参加到清算过程中来，参与财产的分配，以尽量保障各个债权人利益的平衡。

2. 债权人异议制度

债权人异议制度，是指公司清算时，债权人对清算组核定的债权有异议的，可以要求清算组重新核定。《公司法司法解释（二）》明确规定，清算组不予重新核定，或者债权人对重新核定的债权仍有异议，债权人以公司为被告向人民法院提起诉讼请求的，人民法院应予受理。该规定弥补了《公司法》第185条第1款只规定债权申报和确认，未规定债权人对清算组核定的债权结果有异议时如何处理的缺憾。

债权人是清算公司的最重要利益主体之一，清算组核定的债权的性质、数量等，都将对债权人的根本利益有决定性影响。而且清算组的债权核定结果是体现清算结果是否公正、公平的最重要评判标准，直接影响到清算是否公平、公正。因此应当允许债权人对清算组的核定结果提出异议。这样，既保障债权人自己的利益，也对清算组进行监督和制衡，提高清算结果的正确程度。对此，外国学者有一番较为精辟的论述："法律允许个人在对清算人作出的决定或行为感到不满时诉诸法院，并要求对清算人所作出的或未作出的事宜进行评估。……法律必须对与清算结果存在利益关系的人员之关切保持敏感性，这类人群主要是债权人，因为无论清算的最终结果如何，他们可能损失金钱，他们应有权获知清算中包含财务处理事宜的相关信息。"[1]

从《公司法司法解释（二）》来看，债权人如果对清算组核定的债权有异议，有两种方式：请求清算组重新核定，或者先请求清算组重新核定，如果仍有异议则提请人民法院判决确认。也就是说，请求清算组重新核定是向人民法院提起诉讼的

〔1〕 Andrew Keay, *The Supervision and Control of Liquidators*, Sweet & Maxwell Limited and Contributors, 2000.

前置程序。但是有的著作有不同的理解，如前文提到的奚晓明主编《最高人民法院关于公司法司法解释（一）、（二）理解与适用》中写道：“在公司清算中，债权人对清算组核定的债权有异议的，可以通过向人民法院提起诉讼的方式确认。但是，异议债权的诉讼程序不是必经程序。基于效率的考虑，如果债权人与清算组通过进一步核定，对异议债权能够确定的，则不必当然通过诉讼解决。”〔1〕从该解释的性质来看，虽然只能属于学理解释的范畴，但从该书的作者来看，是最高人民法院民二庭，即具体制定该司法解释的部门。这样，我们就必须对该解释加以重视了。根据该解释，向清算组的重新核定请求不是必经程序。笔者认为，该解释并没有准确阐释司法解释的条文含义。从该程序的制度设计来看，笔者认为，也应当将向清算组提出异议并要求重新核算作为前置程序。其原因在于：一方面，清算组是债权核算工作的具体执行者，如果债权人有异议，应当考虑就近和便捷原则，先向直接的执行人提出，如果对结果不服，再向作为最终仲裁人的法院起诉。这符合解决问题的一般常理。另一方面，从防止滥诉、节约社会成本考虑，也应当在诉讼程序之前设置一个前置程序，以减少诉讼量。对于此问题，我国20世纪曾经有些地方立法和部门立法作出过明确的规定。比如1995年的《深圳经济特区企业清算条例》第25条规定，清算组核定债权后，应当将核定结果书面通知债权人。债权人对核定后的债权有异议的，可以自接到书面通知之日起15日内，向人民法院提起诉讼。债权人与企业订有仲裁条款或者

〔1〕奚晓明主编：《最高人民法院关于公司法司法解释（一）、（二）理解与适用》，人民法院出版社2008年版，第256页。

达成仲裁协议的，应当向仲裁机关申请仲裁。1996 年对外贸易经济合作部颁布的《外商投资企业清算办法》规定：清算委员会应对债权人申报的债权进行登记核定，并将该核定结果通知债权人。如债权人对清算委员会核定的债权结果有异议，可以请求复核。若对复核结果仍有异议，可以向法院提起诉讼。有仲裁协议的应当提请仲裁。比较这两个规定，可以发现，《深圳经济特区企业清算条例》规定，债权人对核定的债权不服，只能提起诉讼，而《外商投资企业清算办法》则将复核程序作为诉讼的前置程序。

司法清算中的债权人异议制度借鉴了《企业破产法》的有关规定。根据《企业破产法》第 58 条第 3 款的规定，债务人、债权人对债权表记载的债权有异议的，可以向受理破产申请的人民法院提起诉讼。但是笔者认为，按照目前《公司法司法解释（二）》的规定，直接借鉴《企业破产法》的条件并不具备。原因在于《企业破产法》中的债权异议的前提是有一个常设的债权人会议作为债权债务的议事和决策机构。只有经过债权人会议讨论后，广大债权人和债务人才会对债权人核定的数额（包括自己的和他人的）有充分的了解。因为一般来说，如果清算组核定债权人的债权大于其实际的债权数额，则出于“理性人”自私的本性，可能隐瞒不报。而此时，受到损失的则是被清算公司，还有可能涉及其他债权人的利益，以及股东的利益。因此，债权人会议不仅仅是对清算组的清算结果进行监督的机构，也可以看成债权人之间相互监督的机构。债权人之间的相互监督，使得清算组核定债权错误的可能性大为降低。但是由于司法清算中不存在债权人会议这一机构，因此也就缺乏了这种监督机制，从而使得债权人异议制度的效力大为降低。因此，从平衡、保障债权人、公司以及股东的利益来看，应当在立法中强制要求在清算组制定完毕债权表后，召开一次债权人和债务人的会议。此次会议不同于破产清算程序中的债权人会议，该会议不具有确认债权核定结果的效力，更不是债权确认的机构。该次会议是一个公开信息，并起到相互监督作用的会议。值得一提的是，日本《公司法》在第546～562条详细规定了股份有限公司特别清算的债权人会议制度。

3. 清算组禁止行为制度

由于在司法清算中缺乏有关债权人会议等债权人的利益表达机制，因此为了防止清算组的独裁，法律（司法解释）还规定了一些对于清算组的禁止行为。这些禁止行为包括：在申报债权期间，禁止对任何一个债权人单独清偿；公司在清算期间，不得开展与公司清算无关的经营性活动；公司财产必须首先保证债权人的利益、国家税款以及拖欠工资、社保费等，不得优先向公司股东分配等。[1] 上述这些行为由于将严重损害公司的责任财产，从而对债权人和其他利害关系人的利益造成重大损失，因此被列入法定的禁止之列。

4. 清算组法律责任追究制度

清算组成员执行清算事务时，应当恪尽职守，依法合规地按照法律、法规或公司章程的规定进行清算。如果清算组成员违反法律、行政法规或者公司章程的规定，给公司、债权人造成损失，应当承担赔偿责任。这是由于清算组作为公司清算期

〔1〕 以上内容，详见《公司法》第185、186条。

间受股东委托或受法院指派执行清算事务的组织，其性质已经是公司的代理人，其地位相当于公司正常运营阶段的董事会。因此应当负有对公司的信义义务，也就是应当忠实、勤勉地为公司清算事务服务。这里的“勤勉”是指：清算人应当善意地，并且按照同样一个通情达理的人在相似的情形下所应表现出的谨慎和技能行事。[1] 如果清算人违反了上述义务，就构成了对公司或者债权人的侵权，因此应当承担相应的法律责任。对此，我国《公司法》第 189 条也作了类似的规定。但是该条将清算组承担法律责任的主观要件设定为“清算人故意或重大过失”，笔者认为不妥。因为既然清算组的义务比照董事信义义务，则应当是一种程度较高的注意义务。此时就不应当仅对故意和重大过失情况下的侵权追究责任，对于一般过失也应当追究责任。由于是一般侵权责任，因此，受到损害的公司或者债权人均可以提起诉讼，要求赔偿。

公司司法清算中还会遇到一种清算组的违法情形，即清算组无正当理由不履行清算职责。此时，由于清算组系由人民法院任命，因此人民法院可以参照《民事诉讼法》第 111 条第 1 款第 6 项的规定，即对拒不履行法院生效判决、裁定的处罚规定，对清算组成员或者成员的主要负责人、直接责任人员予以罚款、拘留，构成犯罪的，依法追究刑事责任。

（三）协定债务清偿

1. 协定债务清偿概述

《公司法》第 187 条第 1 款规定，“清算组在清理公司财产、

〔1〕 柯浩：“美国公司法上的董事谨慎义务”，载沈四宝编：《国际商法论丛》（第 2 卷），法律出版社 2000 年版，第 194 页。

编制资产负债表和财产清单后，发现公司财产不足清偿债务的，应当向人民法院申请宣告破产。”第190条还进一步明确了法律适用问题。然而前文已述，在利益平衡的考量中，要考虑各个方面的利益相关人的利益，不仅有债权人的利益，还有股东的利益；不仅有公司的利益，还有国家的利益；不仅有财产性利益，还有非财产性利益；另外还要考虑其他利害关系人的利益，比如供货商、共有人、保证人等的利益。而如果综合考量各种利益，可以发现企业破产可能是最坏的结果。企业的破产不仅意味着企业的彻底终结，而且意味着大量的普通债权人的利益会受到损害。一旦进入破产清算，则要按照破产法的清偿顺序进行，这样普通债权人的利益受到减损的可能性肯定存在。另外，如果在清算进行中发现资不抵债，然后重新转入破产程序，肯定费时、费力，大大降低了程序的效率。因此，从上述两个意义来说，如果能够通过协商，不进入破产程序而解决公司的清算问题，对利益各方都是利益的最大化。为此，《公司法司法解释（二）》在借鉴外国立法的基础上，引入了协定债务清偿制度。

所谓“协定债务”是与“协定债权”相对的概念。协定债权最早来自日本公司法，指的是不具有优先受偿性质（如有担保的债权、其他依法享受优先受偿权利的债权、清算产生的费用等）的债权，类似于我国法律中的普通债权。协定债务清偿，就是指清算中公司与协定债权人团体之间的债务清偿行为。在公司的非破产清算中，如果发现公司出现资不抵债的情况，可以通过上述协定债务清偿的方式解决，从而避免公司重新进入耗时费力的破产程序。而为了完成该债务清偿，一般都会达成一个协议，称为协定债务清偿协议。从利益平衡的视角看，协定债务清偿制度主要有以下意义：

第一，可以尽量保护各利益相关人的利益。前文已述，公司一旦发生资不抵债，则可能面临着大量普通债权人利益受到减损的问题，其主要原因是，法定的破产清偿顺位使得普通债权人不得不劣后于有担保债权人、劳动债权人，甚至国家。而且，由于在公司的司法清算中，债权人根本没有权利参与清算组的活动，在公司日常经营中其也没有参与经营，这使得公司的普通债权人处于一种既信息不对称，又无法实质性参与清算的境地，因而其权利很容易受到侵害。而如果采取了协定债务清偿，则可以使得所有的债权人（包括普通债权人、劳动债权人甚至国家）在同一个平台上充分表达自己的利益，通过意思自治，谈判获得自己的最大利益。

第二，可以使各利益相关人在公平与效率之间求得平衡。由于公司资不抵债，在会后的协定中必然会有部分债权人的利益被减损。然而在债权清偿协议中他们收获的是高效率地清收了自己的债权。尽管可能有些减损，但是相比耗时费力的破产程序，时间与效率又何尝不是一种收获呢？而且正是在该制度中，所有债权人都参加了债权人会议，真正实现了对自己债权的主宰，行使了自己的权利，这本身就是一种利益的实现。况且如果进入破产程序，债权人还会面临着高额且顺位靠前的破产费用、律师费用等对其利益的侵蚀。因此如果能够达成债务清偿协定，则可以省去大笔的费用，从而使债权人的利益最大化。

从宏观层面说，协定债务清偿机制以其高效的解决方案让那些不再具有活力的公司以最快的速度退出市场，这从经济学角度来看是有效率的。因为它可以使得原有的不再发挥作用的资源迅速解放，重新投入到社会生产中，从而实现对社会资源的最大利用。

协定债务清偿制度起源于英国《公司法》。后来日本《公司法》参考英国《公司法》的相关规定，并进一步完善了该制度，在1938年修改商法典时，增加了专门适用于股份公司的特别清算制度。我国台湾地区于1966年修订“公司法”时，仿照日本《公司法》增设了特别清算制度。[1] 日本《公司法》在第二编股份公司第九章第二节规定了股份公司的特别清算制度，其中第563～572条规定了特别清算中的协定债务清偿制度。具体内容包括：清算人向债权人提出协定、协定的条款、依协定的权利变更、拥有担保权的债权人等的参加、协定通过的要件、协定认可的申请、协定认可或不认可的决定、协定效力发生的时间、协定的效力范围、协定内容的修改等。[2] 我国台湾地区“公司法”基本上沿袭了日本“公司法”的有关立法精神。在该法的第347～351条规定了公司与债权人团体订立协定的建议、条件、可决、认可、变更等。[3] 我国2005年《公司法》未对协定债务清偿制度作出规定，不能不说是一种遗憾。《公司法司法解释（二）》对这一遗憾做出了一定程度的弥补，至少通过该司法解释，建立了这一制度。然而由于最高人民法院的职

〔1〕 柯芳枝：《公司法论》，中国政法大学出版社2004年版，第500页。

〔2〕 有关法条转引自王保树主编：《最新日本公司法》，于敏、杨东译，法律出版社2006年版，第305页。

〔3〕 奚晓明主编：《最高人民法院关于公司法司法解释（一）、（二）理解与适用》，人民法院出版社2008年版，第317页。

权所限，不可能对该制度的所有内容作出详细而明确的规定。[1]因此从该条内容来看，仍然不够完善，需要进一步改进。虽然如此，但是该条文仍然具有较高的价值，至少确立了这一制度，从而可以解决很多实际的问题。比如在我国，很多地方的法院系统都可以在上位法未作详细规定的情况下，根据本地的实际制定一些操作意见，这样就可以解决不少实际问题。

2. 协定债务清偿协议的制定以及生效

协定清偿协议通常由清算人向债权人会议提出，由债权人会议决议通过而成立，再由法院认可后生效。一旦由法院认可，则对全体债权人都有效力。协定债务清偿协议经历了建议、协议的制作、协议的成立和生效等阶段。

首先是制定协定债务清偿协议的建议权。根据日本《公司法》的规定，该权利属于清算组。我国《公司法司法解释(二)》未对此作明确规定，只是说清算组可以与债权人协商制作债务清偿方案。但是从实践来看，应当由清算组提出建议。因为协定债务清偿协议的制定，是在清算组已经将清算公司财产进行清理后，制定了资产表和负债表的情况下再行制定的。而此时，最掌握公司具体情况的就是清算组。由于是否能够制作协定清偿债务的协议，必须综合考虑多方面因素，比如资产负债情况、优先权利人的债权占到总债权的比例、主要债权人的分布以及他们各自的情况等，即对信息的充分性要求很高。

---

〔1〕在该司法解释初期的征求意见稿中，大约有10条是关于协定债务清偿制度的，内容涉及了协定建议的提出、协定的内容及权利变更的原则、协定的成立等，较为详尽。具体可见《关于公司解散和清算部分的司法解释稿（第四稿）》。但考虑到职权问题，最后未能全部采纳，仅仅通过一个条文，确立了这一制度。

只有充分了解上述情况及掌握信息的人或组织才能在协议清偿和转入破产程序之间做出最佳的选择。因此，应当将提出协定债务清偿协议的建议权交给清算组。

其次是协议的制定。《公司法司法解释（二）》规定，该协议由清算组和债权人共同协商制作。然而由于在我国的司法清算中，自始至终都不存在常设的债权人会议，即债权人无法通过一个固定的平台表达利益，也很难掌握有关信息，债权人很难在最初的协议制定过程中发挥大的作用。所谓“协商制作”最终演化为协议初稿的具体制作也应当由清算组完成，然后交由债权人进行协商、讨论和修改，最后定稿。

最后是协议的成立和生效。协议的成立条件是全体债权人确认。这里的债权人应当包括与公司存在债权债务关系的一切债权人；不仅包括普通债权人（协定债权人），而且包括享有优先受偿权的债权人，不仅包括需要申报的债权人，而且包括无须申报的债权人，如职工、国家等。这是因为，协定债务清偿协议的本质就是通过协商，让一部分本来可以完全受偿的债权人让渡部分利益，以换得清算程序的快捷和高效率。因此在确认最后的协议时，必须征得利益受损者的同意。协议的生效条件是经过人民法院认可。这一程序的引入，主要是强化人民法院的监督。因为该协议很可能会造成一部分债权人的权利的减损。而这种减损如果由于程序性的问题或者其他原因造成某些债权人的利益受到不当的侵害，或者因为疏忽而导致损害，则就会使整个协议的正当性受到质疑。就此方面因素来看，引入国家公权力进行监督是一种适当的选择。

然而，正如前文所述，协定债务清偿协议作为一个多方博弈的产物，也是一个多方利益交织的网：一方面清算组作为主导力量制定了该协议；另一方面协定债权人、优先权债权人等的利益穿插其中，形成一个“多中心任务”，牵一发而动全身。根据前文有关司法机构能力的局限性的论述，处理这种“多中心任务”属于司法机构的能力局限的方面。司法机构根据其能力，只能对该协议的合法性和合理性问题进行审查，重点则是程序的合法性。对此，日本《公司法》的规定更为宽松而笼统，采用了反向列举的方式。根据该法，法院在下列情形下，才作出对协议不予认可的决定：①清算程序或协议违反法律规定，且无法修补其不完善时。但该违反程度轻微时不在此限。②协议没有得到执行的前景时。③协议通过不正当方法得以成立时。④协议违反债权人的一般利益时。[1] 从该法的规定来看，法院对于该协议（协定）的审查也集中在了合法性审查，特别是程序的合法性审查方面。就我国的法院审查的重点来看，可以包括：公司是否真的资不抵债；该协议是否由债权人和清算组共同商定；是否有利害关系人提出异议；当事人意思表示是否真实；是否非法损害了其他利益相关人的利益等。只有在该公司确实资不抵债，清算组与全体债权人自愿商定并不损害其他利害关系人的合法利益的时候，人民法院才予以确认并使其生效。在此要指出的是，对于公司是否真的资不抵债，以及当事人意思表示是否真实这两项内容的审查，法院只能尽到形式审查的义务。因为前者涉及财务数据的真实性问题，后者涉及签名的

---

〔1〕 有关法条内容转引自王保树主编：《最新日本公司法》，于敏、杨东译，法律出版社2006年版，第306页。原译本中使用的是“协定”一词，本书中为了前后一致，采用了“协议”一词。

真实性问题，都属于技术性问题，属于司法机构由于专业所限而无法深入调查的范围。如果深入调查，可能要大大提高清算成本，得不偿失。

3. 债权人会议

根据我国《公司法》及其司法解释，公司在清算过程中，一般没有常设的债权人会议这一机构。通过前文的论述，债权人利益的重要性已经无须再多论。而在公司的司法清算中不设债权人会议，其主要立法理由是司法清算属于非破产清算，而非破产清算假设的前提是公司资可抵债，因此债权人此时无权参与到公司清算中来，只能按照清算方案分配财产。回溯到前文中关于公司清算公司法视角解释，公司在资可抵债时，债权人由于不是最大风险的承受者，因此也不应当是公司的控制人。在公司资不抵债的情况下，债权人成为风险的最大承受者，因而其应当成为公司的控制人。应该说，在正常的资可抵债的情况下，公司司法清算中债权人不应当成为最后的决定者。公司法的立法精神是正确的。然而这并不意味着债权人在公司非破产清算中不应当有表达利益诉求之地。在司法清算的过程中可能发生一些情况，使得债权人会议的重要性大大增加，协定债务清偿制度下的债权人会议就是最主要的情况。[1]

司法清算中的债权人会议是一种会议性机关，性质上属于被清算公司的债权人的意思机关。有的学者总结了债权人会议的权利是：征求优先债权人、别除权人关于是否愿意通过减损

---

〔1〕 前文所述的债权异议程序其实也应当召开债权人会议。但是此处的债权人会议与协定债务清偿程序中的债权人会议有本质的区别，主要是此处的债权人会议并不具有制定权和确认权，仅仅是起到一个方便交流信息、方便互相监督的作用。

自身利益而促使协议达成的意见；查阅清算人处理公司业务以及财务状况的调查表、资产负债表以及财产清单，并听取清算人关于清算方案的陈述；选任和解任公司的监理人；制定和变更协定债务清偿协议。[1] 对于该解释，笔者认为有以下几个不妥之处；

第一，优先债权人、别除权人本身就是参与了债权人会议的一方主体，尽管他们没有表决权，仅有参加权，但不能够把他们设置为债权人会议的局外人。既然是债权人会议的组成部分，就不存在由债权人会议征求意见的问题，而应当是让各方利益在会议上充分表达的问题。

第二，债权人会议有关查阅权、听取清算组汇报权其实都是债权人会议制定、确认或者变更协议的权利的自然内涵，无须赘述。既然赋予了债权人会议以制定、变更协定债务清偿协议的权利，其当然具有查阅权和听取汇报的权利。

第三，监理人并非存在于所有国家的公司清算的立法中。

笔者认为，目前我国公司司法清算中的债权人会议的主要权利就是制定并通过协定债务清偿协议。因为从我国的法律（司法解释）的规定来看，仅仅赋予了债权人会议这一权利。当然，外国的公司法可能有一些其他的权利，比如任免监理人等。[2] 另外从“权利”的内涵来看，诸如“查阅权”、“征询权”等，可以作为这一权利之下的权能存在。

协定债务清偿中债权人会议的意义在于：

---

〔1〕 刘敏：“公司解散清算法律制度研究”，中国人民大学2007年博士学位论文。

〔2〕 如《日本公司法》第九章第二节第四分节。

第一，作为债权人集体的意思机构，在一些场合下（如对协定债务清偿协议提出意见，是否更换清算组成员等情形）代表全体债权人表达意思，提出利益诉求。在一个激烈的利益博弈场所，单个的利益主体其力量肯定不如多个利益主体结成的一个利益共同体的力量。债权人作为公司司法清算中重要的利益相关方，应当保证其有足够的力量参与博弈，以实现利益的平衡。

第二，在其他一些场合下（比如对清算组提出的债权核定结果以及公司财产报表进行审核），也可以让债权人更加充分地了解各种信息，即达到信息共享、沟通，也可以相互监督，在最大程度上保证清算结果的公正性。这一点在前文中已经论述，在此不再赘述。

第三，对于债权人团体内部来说，通过一个会议性质的机构，也能够起到一定的利益协调、统一步骤的作用，从而减少矛盾，促进清算工作顺利有序地进行。前文已述，每个债权人作为一个独立的个体，都有其利益的诉求，不同个体之间难免产生矛盾，这种矛盾的积聚和爆发也会对清算工作的顺利进行产生影响。因此如果债权人会议可以在内部有效地化解这些矛盾，则会对清算的顺利进行产生积极的效果。

从债权人会议的组织形式来看，虽然没有法律（司法解释）加以规定，但是应该与破产清算中的债权人会议类似，参加人应当包括所有的“协定债权人”（破产法中的“一般债权人”）和具有优先受偿权的权利人。在破产程序中，优先受偿权人（如别除权人）一般不参加债权人会议，因为他们所要受偿的一部分债权不属于破产债权的范畴。但是在协定债务清偿当中，由于很有可能对优先受偿权人的利益造成减损，因此应当允许优先受偿权人参加到债权人会议中来。[1] 而考虑到可能有部分债权人没有得到通知而没有申报债权，因此实际上的参加人应该是已经申报债权和无须申报的债权人。而未依法在期限内申报债权而且又不为公司清算组所明知的债权人，则不属于债权人会议的成员。实践当中的一些持有公司无记名债券的人和组织，如果未在法定期限内将其债权凭证交存于公司，也不能参加债权人会议。之所以要求他们必须将债权登记凭证交存于公司，主要是为了防止其在债权人会议期间转让债券，同时又参加会议的情况出现。

（四）公司司法清算的清偿顺序

1. 公司司法清算中设立清偿顺序的意义

传统理论认为，公司的非破产清算一般不需要规定普通债权的清偿顺序，因为不存在资不抵债的情况，所有的债权均可以全额获得清偿。如果经过资产清理后，发现资不抵债，则可以转入协定债务清偿程序或者破产程序。但是笔者认为，纵然如此，在非破产清算中设置普通债权的清偿顺序仍然有理论和实际意义。

从理论意义上看，公司司法清算的普通债权清偿顺位首先昭示了国家对于各类利益主体保护的态度。立法反映的是国家的态度，这点毋庸置疑。立法对于哪个利益主体进行保护或者优先保护，体现了国家对于该类利益主体的关注与重视。这种

---

〔1〕 有学者认为优先权人只有参加权，无表决权，原因是协定债务清偿协议对他们没有影响。参见刘敏："公司解散清算法律制度研究"，中国人民大学 2007 年博士学位论文。

国家的态度将对此类利益主体及其所拥有利益的相对优势地位，形成一种全方位的保护。其次反映了在某一个历史时期，各种利益的重要性的优先顺序。利益是一个历史性概念，也就是说任何利益都不是永恒的，都有产生、存在和消亡。对于某一个利益在国家和社会生活中的重要性而言，都有一定的时期性，反映了某个时期，某类利益的重要性。这种重要性最重要的反映就是国家的立法。公司司法清算立法虽然只是一个极小的商事规则的确立，却能够反映出现今时期内，各个利益的重要性的优先及劣后的顺序。最后这种顺位的明确有利于公共政策目标的实现。公司的司法清算的相关规定，具有很强的政策性，反映了国家的政策导向。但是出于“理性人”的本性，社会中的各类利益主体都希望自己的利益在清算的过程中得到充分的表达，受到充分的重视和保护。市场经济条件下，各类利益主体的博弈在所难免，但往往会忽视社会公共利益。因此，国家通过立法明确清偿的优先顺位，可以在对这些利益主体进行评估和平衡时，将社会公共利益纳入其中，使其得到充分的反映。这样才能够使公司清算的公共政策目标得到最大程度的实现。

从实践意义上看，在公司的司法清算中设置清偿顺序，也具有以下一些意义：一是在发生债权补充申报的时候。此时，原有的债权已经分配完毕，而那些超过申报登记期限的债权只能在剩余的财产中得到清偿，这种清偿很有可能无法获得足额的支付。此时清偿顺序就显得十分重要了。其中道理和破产法应该是相同的，无须赘述。二是在股东债权人存在的情形下。所谓股东债权人是指对公司拥有债权的股东。这些人拥有双重身份，对于他们的债权如何处理，如何在债权人和股东之间寻得利益平衡，是立法所要解决的问题。这就必须明确这种人的受偿顺位。具体内容，笔者将在下文详述。三是在协定债务清偿中，如果召开债权人会议，则需要做出一个各方能够接受的债务清偿协议。由于公司资不抵债，就需要有一些合法的债权人的利益受到减损。此时应当尽量保护何种利益不被减损，而哪些利益又可以被牺牲，这些都是必须解决的问题。因为从利益平衡的角度来看，即使被迫减损一部分合法利益，也必须让那些最应当受到保护的利益尽量不被减损，而先去减损那些相对次要的利益。

一般情况下，除了有担保的债权外，公司清算涉及以下四类非普通债权：一是清算费用债权，它是基于公有或共同费用等原因而成立的；二是人身损害赔偿债权，这是基于维护基本的人权中的生命健康权而设立的；三是劳动债权，它是基于维护基本人权特别是生存权而成立的；四是税收，它是基于维护公共利益与社会需要而成立的。

2. 清算费用债权

清算费用作为维持整个清算活动所必需的费用，是清算过程中全体利益相关人共同的负担。由于清算活动都是为了使全体利益相关人的合法权益得到保障，因此清算费用是全体债权人的共益费用，是清算活动顺利进行的保障，应当在最为优先的顺位得到清偿。

3. 人身损害赔偿债权

人身损害赔偿之债应当具有较为优先的清偿顺位，理由如下：

首先，人身损害赔偿之债不存在事先谈判的基础，受害者面对的是突如其来的伤害。因此，在面对此类伤害的时候，受害人往往是来不及抵抗的，其抵御风险的能力相对很低。和受到其他侵权后受到的损失相比，受到人身伤害无论是从受伤害程度，还是从获得救济的能力，抑或是从事先的防范能力来看，都更加严重。因此，人身损害赔偿之债的形成，完全符合了非合意之债的非谈判性、低风险抵御性、信息严重不对称性的特征，债权人在受到伤害时往往处于一种彻底的被动状态。[1] 他们遭受的损失和痛苦往往要超过其他的因为违约而造成的损失。这里不仅有财产的减少，还有肉体和精神的痛苦。从现代社会最为常见的几种侵权责任来看，道路交通责任、产品质量责任、医疗损害赔偿责任、环境污染责任，[2] 以及因未尽安全保障义务而形成的责任中，除了医疗损害赔偿责任外，其余四种情况形成的人身损害赔偿之债皆有可能在公司的司法清算中涉及。利益平衡就是要让这些受到最深伤害的人得到最优先的补偿。

〔1〕 韩长印教授在论及破产债权顺位时，曾经提到将其分为合意之债和非合意之债。合议之债的权利人在与破产债务人发生交易关系时，基于谈判因素，全部或者部分掌握了公司的信息，因此对公司的经营状况有所了解，有一定的或者较大的可能性预见到公司的破产。因此有机会通过谈判来回避公司破产带来的风险。因此一般来说，他们有机会事先做好防范破产的措施。而那些非合意之债的债权人往往面对的是突如其来的风险和损伤，他们往往在受损伤的过程中处于一种被支配的地位，而根本不可能有谈判的余地。因此以债的合意性作为尺度和标准衡量破产程序中债权人的抗风险能力，进而确定其受到法律保护的力度，是一种公共政策的选择。而在破产程序中，有必要对于这些实际上处于弱者地位的非合意之债的权利人以倾斜保护，以平衡他们面对的不利境遇。参见韩长印："企业破产立法的公共政策构成"，中国人民大学 2001 年博士学位论文。

〔2〕 刘士国："侵权责任法与特别法及司法解释关系的法解释学思考"，载《政法论丛》2009 年第 6 期，第 45 页。

这也符合罗尔斯正义论中关于最大程度改变社会最不利者的理论。[1]

其次，人身损害之债的赔偿，不仅具有法律上的意义，更加包含了道德和伦理的意义。人身损害与财产损害最大的不同在于：其一，其受伤害的对象是人本身，包括人的生命和健康。在哲学和伦理学上，人本身是手段，更是目的，人类一切的行为和活动，其最终的目的都是增进人类共同的福祉，促进人类社会共同发展。其二，人的生命和健康无法用金钱来衡量。即使给予再多的金钱赔偿，也无法补偿受害人受到的伤害、痛苦以及引起的生理、心理的困扰。因此，给予人身损害赔偿之债的优先受偿效力，就是对基本人权的尊重。

最后，对人身损害赔偿的优先保护体现了国家（立法者）对受害人的人文关怀和悲悯情怀。一国的法律，若要受人遵从、被人敬仰，必须首先体现对人的关怀和对遭受不幸的弱者的悲悯，而不是一味地对于公权力的追求和对强者的扶持。对于弱者的悲悯和帮助才是真正体现了“以人为本”的人文主义精神。人类在此问题上经历了千百年的争斗，最后才确立了这一立法理念。人文的关怀和悲悯的情怀，归根结底到一点，就是我们所提倡的“人道主义精神”，它不仅是立法者的指导思想，更是一切文明社会的人的道德皈依。从这一点来说，人道主义精神已经跳出了道德的范畴，进入法律中来，要真正用国家强制力进行推行。对于人身损害的人来说，他们是社会的最弱者群体

---

〔1〕 罗尔斯在《正义论》中告诉人们，社会公正体现为两条“正义原则”：其一，所有公民的基本权利必须得到平等的保护；其二，社会中的“最不利者”的利益应当得到最大程度的增进。

之一，本身就应当受到国家法律的优先保护，而且在企业即将结束的时候，如果再不对其因为企业侵权造成的利益损失进行保护，则可能面临事后无法获得救济，又投诉无门的悲惨境地。这显然不符合现代国家立法的宗旨，更不符合利益平衡的政策目标。

4. *劳动债权*

劳动债权，就是指劳动者在受到企业的雇佣，为企业提供了劳动后形成的对企业的债权。劳动债权的产生，一般是基于以下几种情况：其一，劳动者提供了劳动，但是没有按照合同约定获得报酬，甚至报酬低于当地法律法规规定的最低工资标准；其二，因为工作而造成的人身伤害。但是由于后者一般都归入工伤保险的范畴，或者是人身伤害侵权的范畴，因此狭义的劳动债权一般就是指报酬的请求权。劳动债权的优先性理由在于：

首先，劳动债权不仅担负了财产性，更加兼具了人身性。从劳动债权的内容来看，其是由于雇佣劳动产生的报酬请求权。雇佣劳动的过程其实就是一方（雇主）占有另一方（雇员）的劳动过程和劳动成果，而这些显然是与人身密不可分的。这就使得劳动债权具有了人身性。而且从劳动关系史来看，劳动债权也是更多的建立在人身性基础之上的。在罗马法中，劳动关系曾被列入物权的范畴，因为奴隶作为劳动者只是主人的工具而已。中世纪开始，劳动关系建立在人身权的基础之上。劳动义务产生于人身的隶属性。近代的劳动关系建立在契约自由的基础上。[1] 然而这并不能改变其带有的人身属性。而前已述及，具有人身性的权利应当得到优先的保护，理由不再赘述。

其次，劳动收入是每个个体赖以生存的基本物质基础，也是维持整个社会存在、发展的基础。恩格斯在1876年所写的《劳动在从猿到人转变过程中的作用》中，明确提出并全面论证了劳动创造人的原理。他指出：劳动“是整个人类生活的第一个基本条件，而且达到这样的程度，以致我们在某种意义上不得不说：劳动创造了人本身”。[2] 劳动不仅创造了人本身，而且创造了人们赖以生存的物质条件和基础。这一点不仅马克思主义认同，资本主义的理论大师们也认同。洛克在其《政府论》下册中就曾经深刻地论述了劳动创造价值的理论。[3] 正是在劳动中，人类社会不断地发展进步。因此，劳动报酬其实是人类维持自身生存的最基本物质条件之一，应当得到法律的优先保护。而拖欠劳动报酬，不仅是对劳动者最基本的生存权的侵犯，更是对整个社会秩序和社会发展的侵害。近几年因为企业拖欠职工工资导致的群体性事件层出不穷，严重影响了地方社会秩序的稳定。

再次，历史上劳动债权就具有优先性。最早立法确立雇员劳动债权的优先清偿效力的是苏格兰立法（1799年），后来英

---

〔1〕［德］拉德布鲁赫：《法学导论》，米健、朱林译，中国大百科全书出版社1987年版，第81页。

〔2〕《马克思恩格斯选集》（第3卷），人民出版社1995年版，第508页。

〔3〕参见［英］约翰·洛克：《政府论》（下篇），叶启芳、瞿菊农译，商务印书馆1964年版，第20页。

格兰也通过了相同的立法（1825 年），之后是澳大利亚。[1] 而苏格兰之所以将企业清算时雇员工资列为优先受偿，是因为它将此类比为自然人死亡后的丧葬费和抚恤金，而后者是可以在遗产中优先受偿的。后来哈默报告也明确了劳动债权的优先性。[2]

最后，劳动关系中企业主和劳动者的地位的强烈反差，使得劳动者成了天然的弱者，从保护弱者的方面来说，应当给予其优先受偿权。虽然近现代契约法将劳动关系建立在了契约自由之上，但是这种自由不过是经济较强的一方——雇主的自由，而对于雇员来说，则根本没有什么自由。“在劳动契约双方当事人平等自由的表象下面，实际没有任何东西有别于已被克服的制度中的劳动活动的从属性——只不过过去的地主以不同的法律形式拥有佃农，同样对信赖自己的人承担着保护和照顾的义务，而从法律表象来看，现行契约自由制度不过是在不考虑任何社会伦理背景的情况下，将雇主与雇工的关系限制在双方契约义务之内。”[3] 而前述的哈默报告中更是直截了当地说明：“给予欠雇员的债务优先清偿的地位的原因是雇员在雇主破产或解散时处于特别脆弱的地位。”[4] 值得一提的是，此处，该报

〔1〕 David Newman，Maddocks，The History of Employee Priority and Protection in Australian Corporate Insolvency，载 http：//www. maddocks. com. au，最后访问日期：2009 年 3 月 18 日。

〔2〕 Harmer Report，Volume 1，载 http：//www. austlii. edu. au/au/other/alrc/publications/reports/45/Report_ 45vl. txt，最后访问日期：2009 年 3 月 18 日。

〔3〕［德］拉德布鲁赫：《法学导论》，米健、朱林译，中国大百科全书出版社 1987 年版，第 81 页。

〔4〕 Harmer Report，Volume 1，载 http：//www. austlii. edu. au/au/other/alrc/publications/reports/45/Report_ 45vl. txt，最后访问日期：2009 年 3 月 18 日。

告没有单独强调破产，而是将解散和破产放在一起加以论述，说明该报告也认为，非破产清算中，也应当设置清偿顺位。

5. 国家利益

前文已述，国家在公司清算中是重要的利益主体 。国家的利益可以分为财产性利益和非财产性利益。非财产性利益主要包括一些仍有存活希望的公司的继续存续对创造就业机会，对社会稳定、经济发展所带来的政权的稳固，也包括对于一些已无存活希望的公司早日清算，理清法律关系，退出市场，让资源早日重新分配，从而使得社会继续健康发展所带来的政权稳固。财产性利益主要指税收，另外还包括一些行政性收费和罚款。此处讨论的是已经进入清算程序后的清偿顺位问题，因此主要还是考虑财产性利益的顺序问题。

提起税收债权的清偿顺序，很多人就容易习惯性地把它看成具有当然的优先性，即税收优先权。税收为法定之债，于法律规定之税收构成要件充分时而发生。[1] 因此，税收本身是一种债的法律关系。税收优先权是指当税收债权与其他债权并存时，税收债权就债务人的全部财产优先于其他债权受清偿。[2] 其理论依据在于：其一，从经济学上说，税收保证了国家机器的运行，保证了整个社会的有序运转。如果不赋予税收债权的优先性，则可能会导致政府税收利益的损失。而政府会利用其所拥有的公权力将这部分损失分摊到其他领域，从而造成其他

---

〔1〕 施正文："论税收之债的溯及变更和消灭"，载《现代法学》2008 年第 5 期，第 95 页。

〔2〕 徐孟洲、谭立：《税法教程》，首都经济贸易大学出版社 2002 年版，第 86 页。

领域的税负增加。[1] 其二，从法律意义上说，税收债权也属于非合意之债，应当优先受偿。其三，从维护国家经济主权来看，税收优先权可以保证国家在跨国破产中保持自身的主权独立性和本国利益的最大化。税收优先性最大的体现除了税法之外，就是在于破产法的清偿顺序安排上。[2]

然而，这种似乎不证自明的理论似乎也正遇到挑战。主要理由在于：

首先，税收与作为基本人权的生存权相比，不应当具有优先性。生存权是人类维持自身存在和保证类群延续的最基本权利。自从1919年的德国《魏玛宪法》确定了生存权需要靠国家的积极干预来实现以后，生存权成为近代法律所保障的人权体系中的基本人权之一。生存权在宪法中的出现，引起了两个方面的重要变化：一是基于公共福利对私有财产权做了限制，宣称财产权负有为公共福利而利用的义务；二是国家对基本人权的尊重和保障义务。二者共同构成了20世纪宪法最基本的重要特征。[3] 这些重要特征必然对宪法以外的其他法律制度产生重要影响，体现在民商事法律上，就是在破产分配中，破产企业职工工资优先税收债权受偿，且最低生活费不予征税。[4] 所以，与生存权相比，税收债权不应当具有优先性。

---

〔1〕 韩长印："企业破产立法的公共政策构成"，中国人民大学2001年博士学位论文。

〔2〕 本书认为非破产清算也存在资不抵债的可能，也应当有清偿顺序。因此下文中有关破产清算中税收优先权的地位问题的论述也应当适用于非破产清算。

〔3〕 ［日］大须贺明：《生存权论》，林浩译，法律出版社2001年版，第1页。

〔4〕 ［日］北野弘久：《税法学原论》，郭美松、陈钢译，中国检察出版社2000年版，第97页。

其次，税收与交易秩序的维护相比，优先性应当减弱。前文已述，在市场经济社会中，交易秩序是社会最重要的秩序之一，具有重要的价值。德国著名社会学家马克斯·韦伯（Max Weber）说过，"资本主义所需要的是一种类似于一台机器让人可以预计的法。"〔1〕而产权的确定性和交易秩序的稳定性恰恰是应该让人可以预计的法的重要内容。因此，尊重和维护这两者是十分重要的。税收优先权的出现恰恰打破或破坏了原来的破产清偿顺序，并由此破坏了产权的确定性和规则的稳定性。前文提到的哈默报告也认为，没有任何迹象表明对税收优先权的废除会影响国库的收入。相反，却有许多债权人被迫放弃他们合理正当的请求权。因此，从维护市场交易秩序和产权特别是私有产权安全的角度看，税收优先权不能过分保护，以免动摇市场经济必需的产权的确定性和规则的稳定性。而且，这种对于交易秩序的破坏，会对一国经济的发展产生较大的不良影响。根据迈克尔·波特（Michael Porter）的国家竞争优势理论，国家竞争优势的基础是企业，政府应该为企业提供一个良好的环境促使其发展，反过来，企业的竞争力增强了，国家的实力自然得到增强。这就要求国家在立法中，充分考虑到企业利益，向企业做出一些妥协与让步，以保证企业参与国际竞争的优势。〔2〕在公司清算方面，债权人很可能是企业，如果过分强调税收优先权，债权人（企业）的利益就有可能被牺牲。而这对

〔1〕［德］马克斯·韦伯：《经济与社会》（下卷），林荣远译，商务印书馆1997年版，第723页。

〔2〕［美］迈克尔·波特：《国家竞争优势》，李明轩、邱如美译，华夏出版社2002年版，第606页。

债权人（企业）带来的伤害是显而易见的。

最后，征税主体的公益性受到质疑。如前所述，税收优先权的一个重要理论根据是，税收是满足公共需要的，是基于公共利益而征收的，是国家财政的最主要来源。而国家财政支出正是为了公共利益。因此，国家征税的行为具有当然的公共利益属性。但是，20世纪70年代由布坎南（Buchanan）等创立的公共选择理论已经从理论上证明了政府有可能假借公共利益之名，行谋私利之实。而前文所涉及的委托代理理论也说明了，代理的成本来自于理性人的自私性。推而广之，按照近代选举制度产生的政治精英们，在为大众谋福利的同时，必然也会带有自身的私利性。也就是说，政府在打着公共利益的旗号征税的时候，其实往往不是为了实现公共利益，而是为了自身的利益。[1]因此，“平等、自由、安全和公共利益都不应当被假设为绝对价值，因为它们都不能孤立地、单独地表现为终极和排他的法律理想。我们必须将它们置于适当的位置上。”[2]在上述情况下，再要通过立法保证税收在任何时候的优先性，就缺乏正当性了。

笔者同意上述关于税收不应当具有当然的优先权的理论。除了上述理由外，还基于对我国基本国情的认识。我国目前仍然处于生产力水平较为低下的阶段，企业缺乏资金、技术支持。如果债权人在债务人清算中由于国家税收优先制度，导致自身债权受到损害，则会严重影响企业的现金流，从而影响竞争力。

---

〔1〕其实，布坎南的公共选择理论，正是建立在对政治精英不谋私利理论，也就是所谓的“哈韦路”假设的批判的基础之上的。

〔2〕［美］E. 博登海默：《法理学：法律哲学与法律方法》，邓正来译，中国政法大学出版社1999年版，第199页。

如果一国的制度做如此的安排，则会影响国家的竞争力。因此，笔者认为，在公司的司法清算中，应当排除税收优先权，使其和普通债权同一顺序受偿。

第二节　司法清算的结论——利益平衡结果的确认

一、司法清算方案的确认程序

公司司法清算的结论，就是最终的清算方案。所谓清算方案，是指清算组在清查公司财产、核定公司债权后制定的关于如何清偿公司债务、分配公司剩余财产的一整套计划。实践当中，企业的清算方案包括但不限于下列事项〔1〕：①清算财产的构成和数额；②优先支付的清算费用构成及数额；③债务清偿的顺序及数额；④剩余财产的分配。

可以说，公司的清算方案，是公司清算的最终结果，是各方博弈的产物，也是利益平衡的产物。这个结果经过什么程序才能生效并付诸实施？我国现行《公司法》规定，公司的清算方案须报股东会、股东大会或者人民法院确认。但是该条在实践当中产生了一些争议，主要集中在清算方案报股东会、股东大会批准是否是法院批准的前置程序，法院确认是不是清算方案生效的必经程序等。对此，《公司法司法解释（二）》作了进

〔1〕 苏小勇：《公司清算法律实务》，法律出版社2007年版，第201页。

一步明确。该司法解释以不同的清算程序为基础，分别确定了不同的清算方案确认方式：自愿清算的，清算方案由股东会或股东大会确认。司法清算的，清算方案由人民法院确认。笔者认为这一安排原则上是合理的。因为在自愿清算中，公司的清算完全是一种公司自治行为，公司的清算组由公司内部人组成，清算方案也由内部人确定。一切都在公司的内部循环。而公司司法清算的核心在于，公司自治无法实现，法律通过强制变更代理的形式介入公司的解散和清算中，目的是尽快理顺公司各类法律关系，保障各方利益，使无法再生的公司尽快退出市场，让原本被束缚在公司里的各类资源重新分配，并尽快发挥新的作用。因此，在追求公平和效率的总体目标之下，公司清算的每一步都必须在法院的监督之下进行，目的是防止拖延和违法侵害利害关系人的合法利益的情况出现。然而，这一制度设计存在着一定的缺陷。这在前文中其实已经有所涉及，即在公司司法清算中，缺乏债权人作为一个整体的强有力的介入，而仅靠法院的监督恐怕是不够的。应当在最后清算方案确认程序中，增加债权人会议。有关理由前文已经加以论述，在此不再赘述。

根据《公司法司法解释（二)》的规定，司法清算方案经过人民法院确认后始得具有法律效力，并且开始具有执行力。反之，未经人民法院批准的方案不具有法律效力，也就不具有执行力。我国的一些部门规章和地方性规章也都规定了清算方案的确认或者备案机构。如《外商投资企业清算办法》（2008年1月15日失效）规定，非特别清算的清算方案须经企业权力机关确认后，报企业审批机关备案。而对于特别清算，则需要经过企业审批机关确认。值得注意的是，该办法规定特别清算的方案需要经过债权人会议的讨论，并由债权人会议提出意见。《长春市外商投资企业清算条例》要求清算方案应当报审批机构、企业主管部门和同级财政部门备案。此外，上海、天津、北京的外商投资企业清算条例都需要报有关单位备案。但是可以看出各地对于公司非破产清算的最终确认方式大多是“备案”，而不是“批准”或“许可”。严格来说，“备案”作为一种事后的管理方式，本身不具备审批的效果，因此不应当属于事前审批的范畴。但是考虑到这些文件出台的时间和历史背景，不得不承认，在当时即使是“备案”也具有审批的性质，因为一旦有关机关对清算方案不予备案，就会使得清算方案处于无法生效的尴尬地位。

二、司法机构对清算方案的审查

司法机构对于清算方案进行确认的前提是对方案进行审查。根据前文的研究得出结论，由于清算方案中包括了大量专业性数据和图表，因此司法机构的审查往往在这些方面无法深入地进行下去。虽然人民法院不可能对每一项数据和资料的真实性、合法性进行全面细致的审查，但是不意味着人民法院行使的是形式审查的权力。即使人民法院对于技术性结论无法进行深入细致的审查，但是可以在其他地方进行较为深入的审查。比如，公司及其股东是否有隐匿财产的行为，清算组是否对公司现有的财产进行了明显不当的估价等。而且在审核过程中，如果有人举报清算组成员的不法行为，则人民法院有职权对此进行调查。

司法机构的审核有以下几个特点：一是从审核的内容来看，

主要是对清算过程是否有违法行为和明显的不合理行为进行审查。二是从审核层面来看，主要是从法律层面进行审核。不合理行为（如明显不当的估价）虽然属于技术性问题的范畴，但是如果明显的不合理估价会严重损害当事人的利益，而且一个正常智力的人应当有能力发现这一问题，因此这应当属于司法机构审查的范围。三是这些审查应当属于实质性审查的范畴。因为实质审查和形式审查的分类标准是审查的深入程度不同。形式审查只关注申报材料的表面真实性，而不对材料所涉及的内容与客观事实是否相符进行审查。而实质审查还需要关注材料所涉及的内容是否反映客观事实。而显然，前述的几项审核内容，比如是否有隐匿财产的行为，是否明显不当估价等都属于实质审查的范围。

第三节　公司注销后未清偿债权的处理
——利益平衡结果的补强

公司注销意味着公司法人资格的消灭，此时如果仍然有债权人主张债权清偿，则如何处理？现实当中存在着两种情形：未经依法清算就注销公司和经过依法清算注销公司。

一、未经依法清算而注销公司的情形

公司未经依法清算即注销公司后，发现了未清偿的债权，此时可能有两种情况：第一种情况是公司清算义务人故意或者过失不承担法定清算义务，逃避债务。此时，公司清算义务人

应当承担不作为的民事责任。该问题在上文中已经论述，不再赘述。第二种情况是公司在注销时向工商行政部门承诺：如果公司注销后有债权人主张债权，则公司股东（或第三人）愿意清偿。此种情况下，应当如何处理？在讨论此问题之前，必须对该承诺行为的性质进行法律上的界定。对此，理论界共有四种观点：第一种观点为“债务转移说”，即公司注销前的债务转移到了承诺人身上，承诺人自愿承担公司注销后发现的公司存续期间的债务；第二种观点为“并存债务承担说”，即承诺人自愿与公司共同承担公司的债务；第三种观点为“保证担保说”，即承诺人作为公司债务的保证人，担保公司债务的履行；第四种观点为“无效承诺说”，即承诺人虽然承诺，但是该承诺违反公司法，因此无效。

笔者认为，此种情况下，如果有债权人提出要求股东清偿其债权，人民法院应当予以支持。主要理由有三：其一，从承诺的性质来看，股东的这种做法是一种债务承担的意思表示。虽然按照传统理论，承诺人须与原债务人达成合意，但考虑到承诺人一般都是公司的股东、董事等，即为公司意思机构成员，因此，可以推定为合意已经达成。而且我国对公司的成立和注销均采取登记公示制，股东的承诺应当被工商行政机关登记公示，因而具有对公承诺的性质。这种承诺由于公示而转化成面向不特定人（包括债权人）的承诺，故不可撤回。这种债务承担与法人制度、股东有限责任不相冲突，因为它是基于股东的自愿承诺而产生的。而且这种债务承担不应受股东（开办单位）在公司注销后接收的公司财产数量影响，即使股东从公司中并未取得任何财产也要足额偿还给债权人。[1] 其二，从公司注销的法定程序来看，公司股东、董事、实际控制人有义务进行清算。在了结债权债务关系后，公司才能够注销。而如果上述人员出于某种原因没有进行清算就要注销公司，则工商行政部门很有可能会要求其履行清算义务后才能注销。此时如果公司股东、董事或实际控制人作出上述承诺，可以看作是注销公司的对价。因为公司的股东、董事或实际控制人如果急于注销公司，一般可以推定公司的尽快注销对其有利益存在。其三，如果不承认这种承诺的效力，无异于助长了公司的清算义务人不清算，而通过欺骗手段注销公司后讨债的气焰，这既不符合公司法的一般理念，也与社会普遍的正义观相悖。因此一旦有债权要求清偿，人民法院应当支持。

二、经过依法清算后注销的情形

相比未经依法清算即注销公司的情形，经过依法清算（包括自愿清算和非自愿清算）后注销公司的情形更为复杂。清算结束后，在未清偿的债权的处理方式上，有以下几种方案：第一种方案是，一般情形下，由于公司已经清算结束，因此即使还有债务也不再清偿；第二种方案是，由原公司股东或第三人

〔1〕 当然也有例外的情况。如法释［2001］8号文最高人民法院《关于审理军队、武警部队、政法机关移交、撤销企业和与党政机关脱钩企业相关纠纷案件若干问题的规定》第7条规定："开办单位或其主管部门在被开办企业撤销时，向工商行政管理机关出具证明文件，自愿对被开办企业的债务承担责任的，应当按照承诺在其接受财产范围内对被开办企业的债务承担民事责任。"但是，必须明确的是，这种限定责任，不具有普遍性，只适用于审理此次军队、武警部队、政法机关移交、撤销企业和与党政机关脱钩的企业所发生的债务纠纷案件。

与债权人经过协商后达成协议，进行清偿；第三种方案则是由公司的股东或者第三人在公司注销时向工商部门承诺对公司的后续债务承担责任。

第一种方案是基于公司清算和注销的一般法律原理而得出的结论。根据公司法的一般原理，公司经过法定清算程序清算，并在工商部门完成注销手续后，公司主体不再存在。而且公司已经经过法定的清算程序，如果再有债权人主张权利，则因为债务人已经消亡而不能得到清偿。当然，这种情形的前提是公司清算程序合法。如果发生故意遗漏债权人的情形，则应当按照侵权的原理，从股东个人的财产中清偿。

第二种方案则是完全基于一种自愿基础之上的清偿。按照债法原理如果获得债权人的同意，第三人可以替债务人清偿债务。

第三种方案在目前实践中较为流行，但是争议较大。主要争议也在于公司清算后办理注销手续时，公司的股东或者第三人向工商行政部门做出的承诺的性质问题。第一种观点即前述的“对公承诺说”，不再赘述。另一种观点则认为，从理性的角度来看，没有人愿意主动承担债务，何况是已经过了法定清算程序，公司已经注销后发现的债务。因此，这种承诺多半是出于工商部门的强制要求，而非自愿。有人甚至认为这是一种格式条款。这种强制要求从法律上看是没有任何依据的。工商部门作为一个注销登记部门，无权也不应当要求公司股东或第三人做出如此的承诺。

可以看出，争议的实质是承诺的效力与法人终结效力的冲突。在合同法中，承诺一般有明确的相对人，而且承诺可以撤回。然而“对公承诺”的特殊性就在于其承诺的对象较为特殊，是公权力机构。从宪政理论上说，公权力机构代表着在某一领域内具有利益的全体国民。而且该承诺一旦进行公示后，就会对社会上的不特定人产生影响，从而产生信赖利益。因此，为了保护这种信赖利益，并且进一步出于保护交易安全的考虑，法律一般规定经过公示的内容具有法律效力，非经法定理由和程序不可撤回或撤销。法人终结的效力主要是指法人作为一个独立的民事主体已经不复存在，不能再以一个独立的民事主体的地位为任何法律行为和诉讼行为。

对此，笔者认为应当更多地考虑公示的效力，承认此种“承诺”。但是考虑到有限责任制度，股东清偿应以在股东分得的公司剩余财产为限。主要理由除了前述的之外，还应当考虑：

第一，无论是从公司有限责任的法理，还是从公司清算的法理来看，股东只有在公司财产清偿完债务后尚有盈余的前提下才能分配公司剩余财产。如股东分到公司剩余财产后发现还有公司债务没有清偿，则其原分得剩余财产在法律上的依据丧失了，从而变成了一种不当得利，而不当得利之债的债权人正是公司。因此，该部分不当得利应当返还公司，用于继续清偿债务。虽然公司作为一个法人已经消亡，但是由于股东分得的财产其实是公司的责任财产，也就是负担了债务的财产，因此股东应当在分得的剩余财产的范围内向公司债权人承担清偿责任。由于是在公司剩余财产中分配的，因此这一点也与有限责任原则不冲突。

第二，从一般常理考虑，即使是十分认真和细致的清算工作，也很难做到完全没有遗漏债权。也就是说，即使经过认真的清算，公司仍可能存在未决的民事责任。当然，法律不可能因为这种可能性的存在而拒绝公司注销。倘是如此，将有大量公司垂而不死，反过来又会影响投资者（债权人）的信心，对债权人也没有实质的帮助。在这种情况下，应当允许公司办理注销登记。因此，从平衡股东利益和债权人利益的角度考虑，如果在公司注销后发现有未决的民事责任，应由分得了被注销公司的剩余财产的股东（开办单位）或其他单位，在分得财产的范围内承担相应的民事责任。

第三，工商行政部门要求股东在注销时作出相应的承诺，也是出于维护公共利益的考虑。如果股东分配到了剩余的财产，而有债权人却没有得到清偿，一方面不符合法理，另一方面也会影响整个社会的公平和信用。因为如果超过一定数量的公司清算后都有债权人主张权利，但是因为公司的注销而得不到清偿，则会引起“社会不公”的反响，甚至有可能会引发一些社会不稳定因素。债权人可能因此而迁怒于政府工作不力。因此，工商部门要求股东作出承诺，其背后还有维护社会公共利益的考虑。

第四，承认此种承诺的效力，不会对一般的交易安全产生影响。法人注销的一个重要的功能就是向社会公示，告知社会中各个交易主体该法人已经消灭，从而维护正常的交易秩序。而如果在一个法人注销后，仍然与其发生法律关系，则可能破坏交易安全。但是由于上述承诺只是原公司股东以本人财产作为担保的偿债保证，因此既不涉及已消灭的原公司的主体地位，也不涉及对债权人财产的支出，不会造成其财产的损失，相反却只会对债权人有利。故承认该承诺的效力不会对交易安全产生影响。

鉴于以上理由，笔者倾向于在公司股东注销公司时，如果股东分得财产，在注销后发现仍有债权没有清偿，应当由原公司的股东从分得的公司财产中进行清偿。但是考虑到有限责任制度，如果超过了公司剩余财产的范围，则不再清偿。另外，考虑到维护交易安全和督促债权人及时申报债权，应当设定一个明确的时限。一旦超过该时限，即使公司股东在注销公司时承诺偿还债务，也可以不必偿还。美国统一有限责任公司法就规定，未接到通知的债权人，或者虽已按时申报债权但未采取行动的债权人，以及公司解散生效后发生的债权，如未在公告后5年内对公司以诉讼方式主张债权，该债权也不再受理。[1]这样做，也是充分考虑到了债权人利益和股东利益的平衡，同时兼顾了交易秩序和交易安全。

最后，如果公司清算的方式是司法清算，则理论上还面临一个问题，就是上述“承诺”面对司法权力时能否生效。由于司法清算中，公司的清算结论是由法院最后确认的，所以该结论就带有了公权力的烙印。而如果承认上述承诺的效力，就可能意味着推翻公权力认可的清算结论。对此，笔者认为，即使在司法清算中，有关原股东继续承担原公司债务的承诺的效力也应该被认可。原因在于：该承诺经过公司登记机构的公示，具有“对公承诺”的属性，也成为一个带有公权力印记的行为。而且，该承诺的对象是不特定的人，而司法清算结论的对象只是公司的利益相关人。因此，从两者的社会影响看，前者大于

〔1〕 张向东：“公司清算制度的比较研究与制度设计”，载《理论探索》2005年第2期，第80页。

后者。两者相权，应当优先考虑前者。另外，司法清算的结论虽然经过了司法权力的认可，但是其效力主要是约束公司及其债权人和其他利益相关人的。上述承诺则是公司原股东私人的承诺，因此可以不受司法权力的制约。

本章小结

本章主要研究了利益平衡视野下，公司司法清算的进行和结果确认。人民法院受理司法清算申请后，首要的任务就是组成清算组。

本章首先讨论了清算组的法律地位问题。清算组在清算公司中处于类似于董事会的地位，但是其并非由股东会依意思自治委任，而是由司法机关依法选任的清算人员组成。考虑到人民法院在司法清算中对于清算组成立、职责以及报酬的确定等清算组的“核心利益”，均具有决定性的权力，本书将司法清算的清算组与清算公司的关系界定为一种“司法强制代理”。这一模式的特点在于：首先，这种代理带有较强的强制性，但又不乏自治的特征；其次，这种代理是在民事代理模式无法实现的情况下，为保护利益相关人的利益才启动；最后，这种代理模式，带有较强的政策性特征。“司法强制代理”的法理基础在于：其一，司法强制代理模式主要适用于公共利益和私人利益交织冲突的情形下。在该情形下单纯的私法调整或公法调整模式已经无能为力，需要一种兼具公权力和私法特征的调整模式。其二，司法强制代理模式的形成，也归因于现代社会中，政治国家与市民社会的关系的变迁。其三，法院的功能在不断地拓展强化。

本章接着讨论了清算组的组成问题。《公司法司法解释(二)》规定，清算组主要由公司股东、董事等内部人组成，律师、注册会计师等仅以专业人员身份进入清算组。这种方式可能造成清算组中缺乏“外部人”利益表达机制，从而造成债权人等利益相关人的利益损失。解决这一问题的最终方案是建立一支专业、中立的清算人队伍，不受公司内部人的制约。在当下，可以考虑适当让债权人和其他利益相关人的代表加入到清算组中。

接着，本章讨论了公司司法清算开展中的一些问题，主要包括：公司财产的清理与保管、债权人与清算组权利的制衡、协定债务清偿制度以及司法清算中的清偿顺位问题。公司财产的清理与保管主要包括了对财产的清理、登记，对债权的清收等工作。债权人与清算组权利的制衡方面，包括了通知公告债权人制度、债权人异议制度、清算组行为禁止制度和清算组法律责任追究制度。并且认为债权人异议是债权人表达自己利益诉求的重要权利。然而目前的规定，一方面没有形成常设的债权人会议，难以有效提出异议；另一方面，债权人即使对核定债权提出异议，也只能在法律规定的范围内更换清算组成员，而自身不能进入清算组。因此，可以考虑如果债权人对核定债权有异议，可以提出自己的候选人进入清算组。清算组不依法清算，造成公司或债权人损失的，应当比照董事信义义务，追究赔偿责任。在协定债务清偿制度的讨论中，本章先从利益平衡的角度阐述了该制度的意义：尽量保护各利益相关人的利益，并且使各利益相关人在公平与效率之间求得平衡。接着，本章讨论了协定债务清偿协议的制定与生效。在“制定”部分，本书着重提出了该协议虽然名为“清算组与债权人共同制定”，但实际上由于债权人根本没有形成一个固定的组织，因此这种松散的状态实际上导致该协议实际上由清算组主导。这种情况也会发生在全体债权人对该协议的认可环节。

本章接下来专门讨论了债权人会议在公司司法清算中的存在意义：其一，作为债权人集体的意思机构，在一些场合下代表全体债权人提出利益诉求；其二，让债权人在一些场合下更加充分的了解各种信息，既达到信息共享、沟通，也可以相互监督，在最大程度上保证清算结果的公正性；其三，对于债权人团体内部来说，能够协调利益、统一步骤，从而减少矛盾，促进清算工作顺利有序地进行。

接着，本章提出了在公司司法清算中也要明确清偿顺序的问题。在非破产清算中设立清偿顺序的理论意义在于：昭示国家对于各类利益主体保护的态度、反映在某一历史时期各种利益的重要性的优先顺序、有利于公共政策目标的实现。实践意义在于：一是在发生债权补充申报时，这些债权很有可能无法获得足额的支付，需要规定顺序；二是在存在股东债权人的情形下，必须明确这种人的受偿顺位；三是在协定债务清偿中，由于公司资不抵债，需要明确哪些利益可以被牺牲，哪些利益应当保留。在非普通债权中，除担保债权外，清算费用、人身损害赔偿、劳动债权应当具有优先受偿的地位，但是国家税收（包括各种非社会保险类的行政性收费）不应当列为优先受偿的债权。

在公司司法清算结论的确认方面，本章承继第二章的有关结论，探讨了司法权力对于清算结论的审查的特点以及方式，并提出司法审核有以下几个特点：一是从审核的内容来看，主要是对清算过程是否有违法行为和明显的不合理行为进行审查。二是从审核层面来看，主要是从法律层面进行审核。不合理行为（如明显不当的估价）虽然属于技术性问题的范畴，但是如果明显的不合理估价会严重损害当事人的利益，而且一个正常智力的人应当有能力发现这一问题。因此其应当属于司法机构审查的范围。三是这些审查应当属于实质性审查的范畴。

最后，本章讨论了公司注销后，未清偿债权的处理问题。笔者将该问题分为两种情况分别讨论：一种情况是公司未经过合法清算而注销。该情况下也可能存在两种情形，第一种情形是公司清算义务人故意或者过失不承担法定清算义务，逃避债务。此时，公司清算义务人应当承担不作为的民事责任。第二种情形是公司在注销时向工商行政部门作出承诺：如果公司注销后有债权人主张债权，则公司股东（或第三人）愿意清偿。对此，本书认为，应当承认该承诺的效力，要求承诺人对注销后未清偿债权进行清偿。理由在于：公司未经合法清算，且又对公承诺偿还债务，如果不承认承诺的效力，就等于助长了清算义务人不清算而逃债的气焰，与社会公平正义理念相悖，因此应当承认该承诺的效力。另一种情况是公司经过合法清算注销后，仍有债权人主张债权。此时，有三种情形。在一般情形下，公司合法清算完毕后注销，不再清偿任何债务。如果有人自愿承担相应的债务，则属于自愿承担债务的范畴，应当允许。如果发生公司股东在注销时承诺偿债的情形，则也应当予以承认，但是股东只需要在其分得的剩余财产范围内清偿，超过部分可以不予清偿。但是上述清偿应当设定一个时限，以保护交易安全。这样做，也是为了债权人和股东的利益平衡。

结论

公司司法清算制度是公司法的重要组成部分，在市场经济法律体系中扮演着重要的角色。目前大量公司自行解散或被吊销执照后不清算，如果司法机构不及时组织清算，则债权人和其他利益相关人将受到很大的损失，也会危及交易安全和交易秩序。

我国很长一个时期以来，一直没有建立起完备的、可操作的司法清算制度。直至2008 年《公司法司法解释（二)》出台，才对公司司法清算的一些具体问题有了相对较为明确的规定。然而现实当中，公司司法清算依然进行得十分困难，主要原因无外乎：公司解散后，无人提起司法清算；法院受理后，发现缺乏清算所必需的文件资料，因此无法清算；清算过程中，发现公司主要财产不知所终，无法清偿债权以及公司司法清算耗时费力，效率较低，法院不愿处理等。本书认为，欲从根本上解决上述问题，并且使司法清算在我国可持续地开展下去，应当坚持“公平优先，兼顾效率”的价值取向，建立以各利益相关人的利益平衡为导向的公司司法清算制度，以实现防止社会动荡、保持社会公平底线、高效地对资源利用的政策目标。

根据经济学、法学的相关理论，公司法上的利益平衡，应当在公司运行过程中考虑股东、债权人、公司职工、公司自身、国家等利益相关人的利益，而不能只考虑股东利益。本书认为，总体来说利益平衡在公司法上的适用应当考虑各国市场经济发展的状况、市民社会的培育情况和人民的投资热情。考虑到我国目前经济尚不发达、百姓投资热情不高的现实，立法应当在公司发展的不同阶段有所区别地适用利益平衡：在公司初创和正常经营阶段，立法向保护股东利益倾斜，兼顾其他利益相关人的利益，以保护其投资热情和经营热情，体现“效率优先，兼顾公平”的原则；在公司清算阶段，则重点保护债权人等其他利益相关人的利益，以维护财产的公平分配和秩序的稳定，体现“公平优先，兼顾效率”的原则。

从公司治理的角度来看，公司治理的过程应当涵盖公司的正常运营过程和清算过程。公司治理的特点在于法定框架下的公司意思自治。司法清算则是一种较为典型的国家公权力干预公司自治的过程。这种干预的正当性来自法律和社会对于公平和效率的追求。因为干预的前提是清算义务人不履行清算义务，干预的目的是维护债权人等利益相关人的合法权益，同时维护正常的公司退出秩序，使得有限的资源得以重新投入生产生活中去。然而，司法权力自身的特点，使得这种干预本身有一定局限性。从司法权力对公司自治的干预的能动性来看，应当针对公司清算中容易诱发矛盾的环节加强干预和监督，尤其是对于清算义务人不履行清算义务的行为要加强惩戒。同时对一些属于债权人和股东意思自治范围的环节只进行形式审查，充分尊重各方意思自治和博弈的成果。从司法权力自身的局限性来看，其在解决诸如群体性争议和面对技术性问题时，就不具备较强的审查和处理能力。因此，司法权力对于公司清算的干预，应当根据自身特点，扬长避短，坚持有所为、有所不为。唯此，既保障程序和结果的公平，又可以提高效率。

我国建立以利益平衡为导向的公司司法清算制度，应从清算的启动、展开和结果确认等多个方面着手。在司法清算的启动方面，立法不仅应当只考虑债权人和股东的利益，还应当考虑其他利益主体的利益平衡问题。因此，可以考虑确立司法清算的提起权的分配顺位制度。而该顺位的安排应当以该主体在公司清算中所具有的利益多寡，即利益相关程度为准：首先是债权人，其次是股东，最后是国家。针对清算义务人不履行清算义务，导致公司因此无法清算的情况，必须用法律手段督促清算义务人主动清算，包括民事责任的追究和行政、司法措施等手段的采用。在民事责任承担方面，清算义务人应当承担基于高度注意义务的侵权责任——清算赔偿责任。在其他措施的采用方面，还包括公司解散登记备案，查封、扣押和冻结清算义务人的个人财产以及限制其出境的措施。

关于公司司法清算进行中的利益平衡问题，本书主要围绕清算组的组成和权力制衡进行讨论。由于清算组在清算进行过程中有重要地位，因而清算组应当考虑有债权人和其他利益相关人加入，以使其利益得到表达。最终的解决方案是建立一支专业、中立、不受公司内部人制约的清算人队伍。在对清算组权力制衡方面，现有的制度虽然起到了一定的作用，然而由于没有常设的债权人会议，因此难以对清算组进行有效的制衡。因此，应当允许在公司司法清算中，债权人会议作为常设组织存在，以在对核定债权提出异议、协定债务清偿以及对清算方案的审查方面具有更强博弈的能力。另外，为了保证清算有序地进行，在公司司法清算中也要明确清偿顺序。除担保债权外，清算费用、人身损害赔偿、劳动债权应当具有优先受偿的地位，但是国家税收（包括各种非社会保险类的行政性收费、罚款等）不应当列为优先受偿的债权。

在公司司法清算结论的确认方面，考虑到清算结论是各方博弈的结果，同时又具有一定的技术性，因此按照“有所为有所不为”的原则，司法权力的运用应当具备以下特征：一是从审核的内容来看，主要是对清算过程是否有违法行为和明显的不合理行为进行审查；二是从审核层面来看，主要是从法律层面进行审核；三是这些审查应当属于实质性审查的范畴。另外，在公司注销后的债权清偿问题上，也要有区别地对待，注意债权人、原股东之间的利益平衡。

总之，建立以“公平优先，兼顾效率”为价值取向，以利益平衡为导向的公司司法清算制度，符合我国公司法的立法目的，符合当前我国经济社会发展的现状。为实现这一目标，除了考虑国情等宏观因素外，还要考虑司法权力的特点，尤其是其局限性，以及公司治理的特征。在此基础上，对现行法律制度进行一定的改造。

附录

中华人民共和国公司法（节选）

（1993 年 12 月 29 日第八届全国人民代表大会常务委员会第五次会议通过　根据 1999 年 12 月 25 日第九届全国人民代表大会常务委员会第十三次会议《关于修改〈中华人民共和国公司法〉的决定》第一次修正　根据 2004 年 8 月 28 日第十届全国人民代表大会常务委员会第十一次会议《关于修改〈中华人民共和国公司法〉的决定》第二次修正　2005 年 10 月 27 日第十届全国人民代表大会常务委员会第十八次会议修订　根据 2013 年 12 月 28 日第十二届全国人民代表大会常务委员会第六次会议《关于修改〈中华人民共和国海洋环境保护法〉等七部法律的决定》第三次修正）

第十章　公司解散和清算

第一百八十条　公司因下列原因解散：

（一）公司章程规定的营业期限届满或者公司章程规定的其他解散事由出现；

（二）股东会或者股东大会决议解散；

（三）因公司合并或者分立需要解散；

（四）依法被吊销营业执照、责令关闭或者被撤销；

（五）人民法院依照本法第一百八十二条的规定予以解散。

第一百八十一条 公司有本法第一百八十一条第（一）项情形的，可以通过修改公司章程而存续。

依照前款规定修改公司章程，有限责任公司须经持有三分之二以上表决权的股东通过，股份有限公司须经出席股东大会会议的股东所持表决权的三分之二以上通过。

第一百八十二条 公司经营管理发生严重困难，继续存续会使股东利益受到重大损失，通过其他途径不能解决的，持有公司全部股东表决权百分之十以上的股东，可以请求人民法院解散公司。

第一百八十三条 公司因本法第一百八十条第（一）项、第（二）项、第（四）项、第（五）项规定而解散的，应当在解散事由出现之日起十五日内成立清算组，开始清算。有限责任公司的清算组由股东组成，股份有限公司的清算组由董事或者股东大会确定的人员组成。逾期不成立清算组进行清算的，债权人可以申请人民法院指定有关人员组成清算组进行清算。人民法院应当受理该申请，并及时组织清算组进行清算。

第一百八十四条 清算组在清算期间行使下列职权：

（一）清理公司财产，分别编制资产负债表和财产清单；

（二）通知、公告债权人；

（三）处理与清算有关的公司未了结的业务；

（四）清缴所欠税款以及清算过程中产生的税款；

（五）清理债权、债务；

（六）处理公司清偿债务后的剩余财产；

（七）代表公司参与民事诉讼活动。

第一百八十五条 清算组应当自成立之日起十日内通知债权人，并于六十日内在报纸上公告。债权人应当自接到通知书之日起三十日内，未接到通知书的自公告之日起四十五日内，向清算组申报其债权。

债权人申报债权，应当说明债权的有关事项，并提供证明材料。清算组应当对债权进行登记。

在申报债权期间，清算组不得对债权人进行清偿。

第一百八十六条 清算组在清理公司财产、编制资产负债表和财产清单后，应当制定清算方案，并报股东会、股东大会或者人民法院确认。

公司财产在分别支付清算费用、职工的工资、社会保险费用和法定补偿金，缴纳所欠税款，清偿公司债务后的剩余财产，有限责任公司按照股东的出资比例分配，股份有限公司按照股东持有的股份比例分配。

清算期间，公司存续，但不得开展与清算无关的经营活动。公司财产在未依照前款规定清偿前，不得分配给股东。

第一百八十七条 清算组在清理公司财产、编制资产负债表和财产清单后，发现公司财产不足清偿债务的，应当依法向人民法院申请宣告破产。

公司经人民法院裁定宣告破产后，清算组应当将清算事务移交给人民法院。

第一百八十八条 公司清算结束后，清算组应当制作清算报告，报股东会、股东大会或者人民法院确认，并报送公司登记机关，申请注销公司登记，公告公司终止。

第一百八十九条 清算组成员应当忠于职守，依法履行清算义务。

清算组成员不得利用职权收受贿赂或者其他非法收入，不得侵占公司财产。

清算组成员因故意或者重大过失给公司或者债权人造成损失的，应当承担赔偿责任。

第一百九十条 公司被依法宣告破产的，依照有关企业破产的法律实施破产清算。

最高人民法院关于适用《中华人民共和国公司法》若干问题的规定（二）

（2008年5月5日最高人民法院审判委员会第1447次会议通过 根据2014年2月17日最高人民法院审判委员会第1607次会议《关于修改关于适用〈中华人民共和国公司法〉若干问题的规定的决定》修正 法释〔2014〕2号）

为正确适用《中华人民共和国公司法》，结合审判实践，就人民法院审理公司解散和清算案件适用法律问题作出如下规定。

第一条 单独或者合计持有公司全部股东表决权百分之十以上的股东，以下列事由之一提起解散公司诉讼，并符合公司法第一百八十二条规定的，人民法院应予受理：

（一）公司持续两年以上无法召开股东会或者股东大会，公司经营管理发生严重困难的；

（二）股东表决时无法达到法定或者公司章程规定的比例，持续两年以上不能做出有效的股东会或者股东大会决议，公司经营管理发生严重困难的；

（三）公司董事长期冲突，且无法通过股东会或者股东大会解决，公司经营管理发生严重困难的；

（四）经营管理发生其他严重困难，公司继续存续会使股东利益受到重大损失的情形。

股东以知情权、利润分配请求权等权益受到损害，或者公司亏损、财产不足以偿还全部债务，以及公司被吊销企业法人营业执照未进行清算等为由，提起解散公司诉讼的，人民法院不予受理。

第二条 股东提起解散公司诉讼，同时又申请人民法院对公司进行清算的，人民法院对其提出的清算申请不予受理。人民法院可以告知原告，在人民法院判决解散公司后，依据公司法第一百八十三条和本规定第七条的规定，自行组织清算或者另行申请人民法院对公司进行清算。

第三条 股东提起解散公司诉讼时，向人民法院申请财产保全或者证据保全的，在股东提供担保且不影响公司正常经营的情形下，人民法院可予以保全。

第四条 股东提起解散公司诉讼应当以公司为被告。

原告以其他股东为被告一并提起诉讼的，人民法院应当告知原告将其他股东变更为第三人；原告坚持不予变更的，人民法院应当驳回原告对其他股东的起诉。

原告提起解散公司诉讼应当告知其他股东，或者由人民法院通知其参加诉讼。其他股东或者有关利害关系人申请以共同原告或者第三人身份参加诉讼的，人民法院应予准许。

第五条 人民法院审理解散公司诉讼案件，应当注重调解。当事人协商同意由公司或者股东收购股份，或者以减资等方式使公司存续，且不违反法律、行政法规强制性规定的，人民法院应予支持。当事人不能协商一致使公司存续的，人民法院应当及时判决。

经人民法院调解公司收购原告股份的，公司应当自调解书生效之日起六个月内将股份转让或者注销。股份转让或者注销之前，原告不得以公司收购其股份为由对抗公司债权人。

第六条 人民法院关于解散公司诉讼作出的判决，对公司全体股东具有法律约束力。

人民法院判决驳回解散公司诉讼请求后，提起该诉讼的股东或者其他股东又以同一事实和理由提起解散公司诉讼的，人民法院不予受理。

第七条 公司应当依照公司法第一百八十三条的规定，在解散事由出现之日起十五日内成立清算组，开始自行清算。

有下列情形之一，债权人申请人民法院指定清算组进行清算的，人民法院应予受理：

（一）公司解散逾期不成立清算组进行清算的；

（二）虽然成立清算组但故意拖延清算的；

（三）违法清算可能严重损害债权人或者股东利益的。

具有本条第二款所列情形，而债权人未提起清算申请，公司股东申请人民法院指定清算组对公司进行清算的，人民法院应予受理。

第八条 人民法院受理公司清算案件，应当及时指定有关人员组成清算组。

清算组成员可以从下列人员或者机构中产生：

（一）公司股东、董事、监事、高级管理人员；

（二）依法设立的律师事务所、会计师事务所、破产清算事务所等社会中介机构；

（三）依法设立的律师事务所、会计师事务所、破产清算事务所等社会中介机构中具备相关专业知识并取得执业资格的人员。

第九条 人民法院指定的清算组成员有下列情形之一的，人民法院可以根据债权人、股东的申请，或者依职权更换清算组成员：

（一）有违反法律或者行政法规的行为；

（二）丧失执业能力或者民事行为能力；

（三）有严重损害公司或者债权人利益的行为。

第十条 公司依法清算结束并办理注销登记前，有关公司的民事诉讼，应当以公司的名义进行。

公司成立清算组的，由清算组负责人代表公司参加诉讼；尚未成立清算组的，由原法定代表人代表公司参加诉讼。

第十一条 公司清算时，清算组应当按照公司法第一百八十五条的规定，将公司解散清算事宜书面通知全体已知债权人，并根据公司规模和营业地域范围在全国或者公司注册登记地省级有影响的报纸上进行公告。

清算组未按照前款规定履行通知和公告义务，导致债权人未及时申报债权而未获清偿，债权人主张清算组成员对因此造成的损失承担赔偿责任的，人民法院应依法予以支持。

第十二条 公司清算时，债权人对清算组核定的债权有异议的，可以要求清算组重新核定。清算组不予重新核定，或者债权人对重新核定的债权仍有异议，债权人以公司为被告向人民法院提起诉讼请求确认的，人民法院应予受理。

第十三条 债权人在规定的期限内未申报债权，在公司清算程序终结前补充申报的，清算组应予登记。

公司清算程序终结，是指清算报告经股东会、股东大会或者人民法院确认完毕。

第十四条 债权人补充申报的债权，可以在公司尚未分配财产中依法清偿。公司尚未分配财产不能全额清偿，债权人主张股东以其在剩余财产分配中已经取得的财产予以清偿的，人民法院应予支持；但债权人因重大过错未在规定期限内申报债权的除外。

债权人或者清算组，以公司尚未分配财产和股东在剩余财产分配中已经取得的财产，不能全额清偿补充申报的债权为由，向人民法院提出破产清算申请的，人民法院不予受理。

第十五条 公司自行清算的，清算方案应当报股东会或者股东大会决议确认；人民法院组织清算的，清算方案应当报人民法院确认。未经确认的清算方案，清算组不得执行。

执行未经确认的清算方案给公司或者债权人造成损失，公司、股东或者债权人主张清算组成员承担赔偿责任的，人民法院应依法予以支持。

第十六条 人民法院组织清算的，清算组应当自成立之日起六个月内清算完毕。

因特殊情况无法在六个月内完成清算的，清算组应当向人民法院申请延长。

第十七条 人民法院指定的清算组在清理公司财产、编制资产负债表和财产清单时，发现公司财产不足清偿债务的，可以与债权人协商制作有关债务清偿方案。

债务清偿方案经全体债权人确认且不损害其他利害关系人利益的，人民法院可依清算组的申请裁定予以认可。清算组依据该清偿方案清偿债务后，应当向人民法院申请裁定终结清算程序。

债权人对债务清偿方案不予确认或者人民法院不予认可的，清算组应当依法向人民法院申请宣告破产。

第十八条 有限责任公司的股东、股份有限公司的董事和控股股东未在法定期限内成立清算组开始清算，导致公司财产贬值、流失、毁损或者灭失，债权人主张其在造成损失范围内对公司债务承担赔偿责任的，人民法院应依法予以支持。

有限责任公司的股东、股份有限公司的董事和控股股东因怠于履行义务，导致公司主要财产、账册、重要文件等灭失，无法进行清算，债权人主张其对公司债务承担连带清偿责任的，人民法院应依法予以支持。

上述情形系实际控制人原因造成，债权人主张实际控制人对公司债务承担相应民事责任的，人民法院应依法予以支持。

第十九条 有限责任公司的股东、股份有限公司的董事和控股股东，以及公司的实际控制人在公司解散后，恶意处置公司财产给债权人造成损失，或者未经依法清算，以虚假的清算报告骗取公司登记机关办理法人注销登记，债权人主张其对公司债务承担相应赔偿责任的，人民法院应依法予以支持。

第二十条 公司解散应当在依法清算完毕后，申请办理注销登记。公司未经清算即办理注销登记，导致公司无法进行清算，债权人主张有限责任公司的股东、股份有限公司的董事和控股股东，以及公司的实际控制人对公司债务承担清偿责任的，人民法院应依法予以支持。

公司未经依法清算即办理注销登记，股东或者第三人在公司登记机关办理注销登记时承诺对公司债务承担责任，债权人主张其对公司债务承担相应民事责任的，人民法院应依法予以支持。

第二十一条 有限责任公司的股东、股份有限公司的董事和控股股东，以及公司的实际控制人为二人以上的，其中一人或者数人按照本规定第十八条和第二十条第一款的规定承担民事责任后，主张其他人员按照过错大小分担责任的，人民法院应依法予以支持。

第二十二条 公司解散时，股东尚未缴纳的出资均应作为清算财产。股东尚未缴纳的出资，包括到期应缴未缴的出资，以及依照公司法第二十六条和第八十条的规定分期缴纳尚未届满缴纳期限的出资。

公司财产不足以清偿债务时，债权人主张未缴出资股东，以及公司设立时的其他股东或者发起人在未缴出资范围内对公司债务承担连带清偿责任的，人民法院应依法予以支持。

第二十三条 清算组成员从事清算事务时，违反法律、行政法规或者公司章程给公司或者债权人造成损失，公司或者债权人主张其承担赔偿责任的，人民法院应依法予以支持。

有限责任公司的股东、股份有限公司连续一百八十日以上单独或者合计持有公司百分之一以上股份的股东，依据公司法第一百五十一条第三款的规定，以清算组成员有前款所述行为为由向人民法院提起诉讼的，人民法院应予受理。

公司已经清算完毕注销，上述股东参照公司法第一百五十一条第三款的规定，直接以清算组成员为被告、其他股东为第三人向人民法院提起诉讼的，人民法院应予受理。

第二十四条 解散公司诉讼案件和公司清算案件由公司住所地人民法院管辖。公司住所地是指公司主要办事机构所在地。公司办事机构所在地不明确的，由其注册地人民法院管辖。

基层人民法院管辖县、县级市或者区的公司登记机关核准登记公司的解散诉讼案件和公司清算案件；中级人民法院管辖地区、地级市以上的公司登记机关核准登记公司的解散诉讼案件和公司清算案件。

最高人民法院印发《关于审理公司强制清算案件工作座谈会纪要》的通知

（法发〔2009〕52号　2009年11月4日）

当前，因受国际金融危机和世界经济衰退影响，公司经营困难引发的公司强制清算案件大幅度增加。《中华人民共和国公司法》和最高人民法院《关于适用〈中华人民共和国公司法〉若干问题的规定（二）》（以下简称公司法司法解释二）对于公司强制清算案件审理中的有关问题已作出规定，但鉴于该类案件非讼程序的特点和目前清算程序规范的不完善，有必要进一步明确该类案件审理原则，细化有关程序和实体规定，更好地规范公司退出市场行为，维护市场运行秩序，依法妥善审理公司强制清算案件，维护和促进经济社会和谐稳定。为此，最高人民法院在广泛调研的基础上，于2009年9月15日至16日在浙江省绍兴市召开了全国部分法院审理公司强制清算案件工作座谈会。与会同志通过认真讨论，就有关审理公司强制清算案件中涉及的主要问题达成了共识。现纪要如下：

一、关于审理公司强制清算案件应当遵循的原则

1. 会议认为，公司作为现代企业的主要类型，在参与市场竞争时，不仅要严格遵循市场准入规则，也要严格遵循市场退出规则。公司强制清算作为公司退出市场机制的重要途径之一，是公司法律制度的重要组成部分。人民法院在审理此类案件时，应坚持以下原则：

第一，坚持清算程序公正原则。公司强制清算的目的在于有序结束公司存续期间的各种商事关系，合理调整众多法律主体的利

益，维护正常的经济秩序。人民法院审理公司强制清算案件，应当严格依照法定程序进行，坚持在程序正义的基础上实现清算结果的公正。

第二，坚持清算效率原则。提高社会经济的整体效率，是公司强制清算制度追求的目标之一，要严格而不失快捷地使已经出现解散事由的公司退出市场，将其可能给各方利益主体造成的损失降至最低。人民法院审理强制清算案件，要严格按照法律规定及时有效地完成清算，保障债权人、股东等利害关系人的利益及时得到实现，避免因长期拖延清算给相关利害关系人造成不必要的损失，保障社会资源的有效利用。

第三，坚持利益均衡保护原则。公司强制清算中应当以维护公司各方主体利益平衡为原则，实现公司退出环节中的公平公正。人民法院在审理公司强制清算案件时，既要充分保护债权人利益，又要兼顾职工利益、股东利益和社会利益，妥善处理各方利益冲突，实现法律效果和社会效果的有机统一。

二、关于强制清算案件的管辖

2. 对于公司强制清算案件的管辖应当分别从地域管辖和级别管辖两个角度确定。地域管辖法院应为公司住所地的人民法院，即公司主要办事机构所在地法院；公司主要办事机构所在地不明确、存在争议的，由公司注册登记地人民法院管辖。级别管辖应当按照公司登记机关的级别予以确定，即基层人民法院管辖县、县级市或者区的公司登记机关核准登记公司的公司强制清算案件；中级人民法院管辖地区、地级市以上的公司登记机关核准登记公司的公司强制清算案件。存在特殊原因的，也可参照适用《中华人民共和国企业破产法》第四条、《中华人民共和国民事诉讼法》第三十七条和第三十九条的规定，确定公司强制清算案件的审理法院。

三、关于强制清算案件的案号管理

3. 人民法院立案庭收到申请人提交的对公司进行强制清算的申请后，应当及时以“（××××）××法×清（预）字第×号”立案。立案庭立案后，应当将申请人提交的申请等有关材料移交审理强制清算案件的审判庭审查，并由审判庭依法作出是否受理强制清算申请的裁定。

4. 审判庭裁定不予受理强制清算申请的，裁定生效后，公司强制清算案件应当以“（××××）××法×清（预）字第×号”结案。审判庭裁定受理强制清算申请的，立案庭应当以“（××××）××法×清（算）字第×号”立案。

5. 审判庭裁定受理强制清算申请后，在审理强制清算案件中制作的民事裁定书、决定书等，应当在“（××××）××法×清（算）字第×号”后依次编号，如“（××××）××法×清（算）字第×-1号民事裁定书”、“（××××）××法×清（算）字第×-2号民事裁定书”等，或者“（××××）××法×清（算）字第×-1号决定书”、“（××××）××法×清（算）字第×-2号决定书”等。

四、关于强制清算案件的审判组织

6. 因公司强制清算案件在案件性质上类似于企业破产案件，因此强制清算案件应当由负责审理企业破产案件的审判庭审理。有条件的人民法院，可由专门的审判庭或者指定专门的合议庭审理公司强制清算案件和企业破产案件。公司强制清算案件应当组成合议庭进行审理。

五、关于强制清算的申请

7. 公司债权人或者股东向人民法院申请强制清算应当提交清算申请书。申请书应当载明申请人、被申请人的基本情况和申请的事实和理由。同时，申请人应当向人民法院提交被申请人已经发生解散事由以及申请人对被申请人享有债权或者股权的有关证据。公司解散后已经自行成立清算组进行清算，但债权人或者股东以其故意拖延清算，或者存在其他违法清算可能严重损害债权人或者股东利益为由，申请人民法院强制清算的，申请人还应当向人民法院提交公司故意拖延清算，或者存在其他违法清算行为可能严重损害其利益的相应证据材料。

8. 申请人提交的材料需要更正、补充的，人民法院应当责令申请人于七日内予以更正、补充。申请人由于客观原因无法按时更正、补充的，应当向人民法院予以书面说明并提出延期申请，由人民法院决定是否延长期限。

六、关于对强制清算申请的审查

9. 审理强制清算案件的审判庭审查决定是否受理强制清算申请时，一般应当召开听证会。对于事实清楚、法律关系明确、证据确实充分的案件，经书面通知被申请人，其对书面审查方式无异议的，也可决定不召开听证会，而采用书面方式进行审查。

10. 人民法院决定召开听证会的，应当于听证会召开五日前通知申请人、被申请人，并送达相关申请材料。公司股东、实际控制人等利害关系人申请参加听证的，人民法院应予准许。听证会中，人民法院应当组织有关利害关系人对申请人是否具备申请资格、被申请人是否已经发生解散事由、强制清算申请是否符合法律规定等内容进行听证。因补充证据等原因需要再次召开听证会的，应在补充期限届满后十日内进行。

11. 人民法院决定不召开听证会的，应当及时通知申请人和被申请人，并向被申请人送达有关申请材料，同时告知被申请人若对申请人的申请有异议，应当自收到人民法院通知之日起七日内向人民法院书面提出。

七、关于对强制清算申请的受理

12. 人民法院应当在听证会召开之日或者自异议期满之日起十日内，依法作出是否受理强制清算申请的裁定。

13. 被申请人就申请人对其是否享有债权或者股权，或者对被申请人是否发生解散事由提出异议的，人民法院对申请人提出的强制清算申请应不予受理。申请人可就有关争议单独提起诉讼或者仲裁予以确认后，另行向人民法院提起强制清算申请。但对上述异议事项已有生效法律文书予以确认，以及发生被吊销企业法人营业执照、责令关闭或者被撤销等解散事由有明确、充分证据的除外。

14. 申请人提供被申请人自行清算中故意拖延清算，或者存在其他违法清算可能严重损害债权人或者股东利益的相应证据材料后，被申请人未能举出相反证据的，人民法院对申请人提出的强制清算申请应予受理。债权人申请强制清算，被申请人的主要财产、账册、重要文件等灭失，或者被申请人人员下落不明，导致无法清算的，人民法院不得以此为由不予受理。

15. 人民法院受理强制清算申请后，经审查发现强制清算申请不符合法律规定的，可以裁定驳回强制清算申请。

16. 人民法院裁定不予受理或者驳回受理申请，申请人不服的，可以向上一级人民法院提起上诉。

八、关于强制清算申请的撤回

17. 人民法院裁定受理公司强制清算申请前，申请人请求撤回其申请的，人民法院应予准许。

18. 公司因公司章程规定的营业期限届满或者公司章程规定的其他解散事由出现，或者股东会、股东大会决议自愿解散的，人民法院受理强制清算申请后，清算组对股东进行剩余财产分配前，申请人以公司修改章程，或者股东会、股东大会决议公司继续存续为由，请求撤回强制清算申请的，人民法院应予准许。

19. 公司因依法被吊销营业执照、责令关闭或者被撤销，或者被人民法院判决强制解散的，人民法院受理强制清算申请后，清算组对股东进行剩余财产分配前，申请人向人民法院申请撤回强制清算申请的，人民法院应不予准许。但申请人有证据证明相关行政决定被撤销，或者人民法院作出解散公司判决后当事人又达成公司存续和解协议的除外。

九、关于强制清算案件的申请费

20. 参照《诉讼费用交纳办法》第十条、第十四条、第二十条和第四十二条关于企业破产案件申请费的有关规定，公司强制清算案件的申请费以强制清算财产总额为基数，按照财产案件受理费标准减半计算，人民法院受理强制清算申请后从被申请人财产中优先拨付。因财产不足以清偿全部债务，强制清算程序依法转入破产清算程序的，不再另行计收破产案件申请费；按照上述标准计收的强制清算案件申请费超过 30 万元的，超过部分不再收取，已经收取的，应予退还。

21. 人民法院裁定受理强制清算申请前，申请人请求撤回申请，人民法院准许的，强制清算案件的申请费不再从被申请人财产中予以拨付；人民法院受理强制清算申请后，申请人请求撤回申请，人民法院准许的，已经从被申请人财产中优先拨付的强制清算案件申请费不予退回。

十、关于强制清算清算组的指定

22. 人民法院受理强制清算案件后，应当及时指定清算组成员。公司股东、董事、监事、高级管理人员能够而且愿意参加清算的，人民法院可优先考虑指定上述人员组成清算组；上述人员不能、不愿进行清算，或者由其负责清算不利于清算依法进行的，人民法院可以指定《人民法院中介机构管理人名册》和《人民法院个人管理人名册》中的中介机构或者个人组成清算组；人民法院也可根据实际需要，指定公司股东、董事、监事、高级管理人员，与管理人名册中的中介机构或者个人共同组成清算组。人民法院指定管理人名册中的中介机构或者个人组成清算组，或者担任清算组成员的，应当参照适用最高人民法院《关于审理企业破产案件指定管理人的规定》。

23. 强制清算清算组成员的人数应当为单数。人民法院指定清算组成员的同时，应当根据清算组成员的推选，或者依职权，指定清算组负责人。清算组负责人代行清算中公司诉讼代表人职权。清算组成员未依法履行职责的，人民法院应当依据利害关系人的申请，或者依职权及时予以更换。

十一、关于强制清算清算组成员的报酬

24. 公司股东、实际控制人或者股份有限公司的董事担任清算组成员的，不计付报酬。上述人员以外的有限责任公司的董事、监事、高级管理人员，股份有限公司的监事、高级管理人员担任清算组成员的，可以按照其上一年度的平均工资标准计付报酬。

25. 中介机构或者个人担任清算组成员的，其报酬由中介机构或者个人与公司协商确定；协商不成的，由人民法院参照最高人民法院《关于审理企业破产案件确定管理人报酬的规定》确定。

十二、关于强制清算清算组的议事机制

26. 公司强制清算中的清算组因清算事务发生争议的，应当参照公司法第一百一十二条的规定，经全体清算组成员过半数决议通过。与争议事项有直接利害关系的清算组成员可以发表意见，但不得参与投票；因利害关系人回避表决无法形成多数意见的，清算组可以请求人民法院作出决定。与争议事项有直接利害关系的清算组成员未回避表决形成决定的，债权人或者清算组其他成员可以参照公司法第二十二条的规定，自决定作出之日起六十日内，请求人民法院予以撤销。

十三、关于强制清算中的财产保全

27. 人民法院受理强制清算申请后，公司财产存在被隐匿、转移、毁损等可能影响依法清算情形的，人民法院可依清算组或者申请人的申请，对公司财产采取相应的保全措施。

十四、关于无法清算案件的审理

28. 对于被申请人主要财产、账册、重要文件等灭失，或者被申请人人员下落不明的强制清算案件，经向被申请人的股东、董事等直接责任人员释明或采取罚款等民事制裁措施后，仍然无法清算或者无法全面清算，对于尚有部分财产，且依据现有账册、重要文件等，可以进行部分清偿的，应当参照企业破产法的规定，对现有财产进行公平清偿后，以无法全面清算为由终结强制清算程序；对于没有任何财产、账册、重要文件，被申请人人员下落不明的，应当以无法清算为由终结强制清算程序。

29. 债权人申请强制清算，人民法院以无法清算或者无法全面清算为由裁定终结强制清算程序的，应当在终结裁定中载明，债权人可以另行依据公司法司法解释二第十八条的规定，要求被申请人的股东、董事、实际控制人等清算义务人对其债务承担偿还责任。股东申请强制清算，人民法院以无法清算或者无法全面清算为由作出终结强制清算程序的，应当在终结裁定中载明，股东可以向控股股东等实际控制公司的主体主张有关权利。

十五、关于强制清算案件衍生诉讼的审理

30. 人民法院受理强制清算申请前已经开始，人民法院受理强制清算申请时尚未审结的有关被强制清算公司的民事诉讼，由原受理法院继续审理，但应依法将原法定代表人变更为清算组负责人。

31. 人民法院受理强制清算申请后，就强制清算公司的权利义务产生争议的，应当向受理强制清算申请的人民法院提起诉讼，并由清算组负责人代表清算中公司参加诉讼活动。受理强制清算申请的人民法院对此类案件，可以适用民事诉讼法第三十七条和第三十九条的规定确定审理法院。

上述案件在受理法院内部各审判庭之间按照业务分工进行审理。人民法院受理强制清算申请后，就强制清算公司的权利义务产生争议，当事人双方就产生争议约定有明确有效的仲裁条款的，应当按照约定通过仲裁方式解决。

十六、关于强制清算和破产清算的衔接

32. 公司强制清算中，清算组在清理公司财产、编制资产负债表和财产清单时，发现公司财产不足清偿债务的，除依据公司法司法解释二第十七条的规定，通过与债权人协商制作有关债务清偿方案并清偿债务的外，应依据公司法第一百八十八条和企业破产法第七条第三款的规定向人民法院申请宣告破产。

33. 公司强制清算中，有关权利人依据企业破产法第二条和第七条的规定向人民法院另行提起破产申请的，人民法院应当依法进行审查。权利人的破产申请符合企业破产法规定的，人民法院应当依法裁定予以受理。人民法院裁定受理破产申请后，应当裁定终结强制清算程序。

34. 公司强制清算转入破产清算后，原强制清算中的清算组由《人民法院中介机构管理人名册》和《人民法院个人管理人名册》中的中介机构或者个人组成或者参加的，除该中介机构或者个人存在与本案有利害关系等不宜担任管理人或者管理人成员的情形外，人民法院可根据企业破产法及其司法解释的规定，指定该中介机构或者个人作为破产案件的管理人，或者吸收该中介机构作为新成立的清算组管理人的成员。

上述中介机构或者个人在公司强制清算和破产清算中取得的报酬总额，不应超过按照企业破产计付的管理人或者管理人成员的报酬。

35. 上述中介机构或者个人不宜担任破产清算中的管理人或者管理人的成员的，人民法院应当根据企业破产法和有关司法解释的规定，及时指定管理人。原强制清算中的清算组应当及时将清算事务及有关材料等移交给管理人。公司强制清算中已经完成的清算事项，如无违反企业破产法或者有关司法解释的情形的，在破产清算程序中应承认其效力。

十七、关于强制清算程序的终结

36. 公司依法清算结束，清算组制作清算报告并报人民法院确认后，人民法院应当裁定终结清算程序。公司登记机关依清算组的申请注销公司登记后，公司终止。

37. 公司因公司章程规定的营业期限届满或者公司章程规定的其他解散事由出现，或者股东会、股东大会决议自愿解散的，人民法院受理债权人提出的强制清算申请后，对股东进行剩余财产分配前，公司修改章程，或者股东会、股东大会决议公司继续存续，申请人在其个人债权及他人债权均得到全额清偿后，未撤回申请的，人民法院可以根据被申请人的请求裁定终结强制清算程序，强制清算程序终结后，公司可以继续存续。

十八、关于强制清算案件中的法律文书

38. 审理强制清算的审判庭审理该类案件时，对于受理、不受理强制清算申请、驳回申请人的申请、允许或者驳回申请人撤回申请、采取保全措施、确认清算方案、确认清算终结报告、终结强制清算程序的，应当制作民事裁定书。对于指定或者变更清算组成员、确定清算组成员报酬、延长清算期限、制裁妨碍清算行为的，应当制作决定书。

对于其他所涉有关法律文书的制作，可参照企业破产清算中人民法院的法律文书样式。

十九、关于强制清算程序中对破产清算程序的准用

39. 鉴于公司强制清算与破产清算在具体程序操作上的相似性，就公司法、公司法司法解释二，以及本会议纪要未予涉及的情形，如清算中公司的有关人员未依法妥善保管其占有和管理的财产、印章和账簿、文书资料，清算组未及时接管清算中公司的财产、印章和账簿、文书，清算中公司拒不向人民法院提交或者提交不真实的财产状况说明、债务清册、债权清册、有关财务会计报告以及职工工资的支付情况和社会保险费用的缴纳情况，清算中公司拒不向清算组移交财产、印章和账簿、文书等资料，或者伪造、销毁有关财产证据材料而使财产状况不明，股东未缴足出资、抽逃出资，以及公司董事、监事、高级管理人员非法侵占公司财产等，可参照企业破产法及其司法解释的有关规定处理。

二十、关于审理公司强制清算案件中应当注意的问题

40. 鉴于此类案件属于新类型案件，且涉及的法律关系复杂、利益主体众多，人民法院在审理难度大、涉及面广、牵涉社会稳定的重大疑难清算案件时，要在严格依法的前提下，紧紧依靠党委领导和政府支持，充分发挥地方政府建立的各项机制，有效做好维护社会稳定的工作。同时，对于审判实践中发现的新情况、新问题，要及时逐级上报。上级人民法院要加强对此类案件的监督指导，注重深入调查研究，及时总结审判经验，确保依法妥善审理好此类案件。

参考文献

一、中文文献

（一）论文类

1. 张永钦：“论公司解散后清算人不能选任时的法律救济”，载《江西财经大学学报》2005 年第 3 期。
2. 王妍：“我国企业清算中的法律问题”，载《当代法学》2002 年第 4 期。
3. ［德］福尔可·博伊庭：《德国公司法上的代表理论》，邵建东译，载梁慧星主编：《民商法论丛》（第 13 卷），法律出版社 2000 年版。
4. 蒋学跃：“法人行为能力问题探讨”，载《甘肃政法学院学报》2007 年第 4 期。
5. 江平、龙卫球：“法人本质及其基本构造研究——为拟制说辩护”，载《中国法学》1998 年第 3 期。
6. 张维迎：“所有制、治理结构及委托－代理关系——兼评崔之元和周其仁的一些观点”，载《经济研究》1996 年第 9 期。
7. 罗培新：“公司法的合同路径与公司法规则的正当性”，载《法学研究》2004 年第 2 期。

8. 杨瑞龙、周业安："一个关于企业所有权安排的规范性分析框架及其理论含义——兼评张维迎、周其仁及崔之元的一些观点"，载《经济研究》1997年第1期。
9. 邓峰："公司利益缺失下的利益冲突规则——基于法律文本的实践和反思"，载《法学家》2009年第4期。
10. ［美］米切尔·C. 詹森、威廉·H. 麦克林："专门知识、一般知识和组织结构"，载［美］科斯、哈特、斯蒂格利茨：《契约经济学》，［瑞典］拉斯·沃因、汉斯·韦坎德编，李风圣主译，经济科学出版社1999年版。
11. 阿瑟利夫："不合理和法典——皇帝的新条款"，载《佩斯大学法律评论》1967年第115期。
12. "规范审理公司解散和清算案件——最高人民法院民二庭负责人答记者问"，载法律快车网，最后访问日期：2008年11月18日。
13. 马俊驹、聂德宗："公司法人治理结构的比较与重构"，载王保树：《商事法论集》（第5卷），法律出版社2000年版。
14. 虞政平："构建中国多元化公司治理结构新模式"，载《中外法学》2008年第1期。
15. 刘桂清："公司治理的司法保障——司法介入公司治理的法理分析"，载《现代法学》2005年第4期。
16. 罗培新："填补公司合同'缝隙'——司法介入公司运作的一个分析框架"，载《北京大学学报》（哲学社会科学版）2007年第1期。
17. 官欣荣："我国司法介入公司治理的迷惑及对策——华尔街金融危机背景下的新思考"，载《政法论坛》2009年第4期。
18. 吴英姿："司法的限度：在司法能动与司法克制之间"，载《法学研究》2009年第5期。
19. 谢晟："以法治视角解读哈贝马斯的交往行为理论"，载《经济与法》2009年第8期。

20. 韩长印："共同法律行为理论的初步构建——以公司设立为分析对象"，载《中国法学》2009 年第 3 期。
21. 李曙光："新《公司法》中破解'公司僵局'制度安排的探讨"，载《武汉理工大学学报》(社会科学版) 2006 年第 3 期。
22. 张新宝："侵权责任法立法的利益衡量"，载中国私法网，最后访问日期：2009 年 3 月 22 日。
23. 潘云波："博星公司等诉三毛公司股东请求解散公司案——兼析对新修订《公司法》第 183 条的理解和适用"，载中外民商裁判网，最后访问日期：2009 年 5 月 6 日。
24. 赵旭东："公司的注销与清算责任"，载《人民法院报》2002 年 1 月 18 日。
25. 吕忠梅、赵立新："税法的宪政之维"，载刘剑文主编：《财税法论丛》(第 5 卷)，法律出版社 2004 年版。
26. 喻磊："公司债权人的保护与我国公司法之完善——建立在公司利益相关者理论基础上的讨论"，载《江西科技师范学院学报》2004 年第 2 期。
27. ［德］托马斯·莱塞尔："责任有限与法人特征"，高旭军译，载《复旦民商法学评论》2003 年第 2 期。
28. 宋彪、王立杰："企业被撤销后的清算问题"，载《法学杂志》1999 年第 2 期。
29. 陈婷："论公司法人格否认原理在公司清算中的适用"，载《商场现代化》2008 年第 23 期。
30. 朱慈蕴："公司法人格否认法理与公司的社会责任"，载《法学研究》1998 年第 5 期。
31. 刘士国："侵权责任法与特别法及司法解释关系的法解释学思考"，载《政法论丛》2009 年第 6 期。
32. 施正文："论税收之债的溯及变更和消灭"，载《现代法学》2008 年第

5 期。
33. 刘晓敏:“限制出境措施适用于诉讼保全的可行性初探”，载《法制与社会》2009 年第 12 期。
34. 艾永明:“合理的外壳，不合理的内核——《论语》义利观及其现代意义简析”，载陈鹏生、[日]反町隆夫主编:《儒家义利观与市场经济》，上海社会科学院出版社 1996 年版。
35. 李泫永、官欣荣:“公司僵局与司法救济”，载《法学》2004 年第 4 期。
36. 侯慧芳、周梁:“公司解散、清算的法理基础及制度价值”，载《当代经济》2007 年第 3 期。
37. 张向东:“公司清算制度的比较研究与制度设计”，载《理论探索》2005 年第 2 期。
38. 虞政平:“中美有限责任公司制度比较”，载《中国法学》2003 年第 1 期。
39. 曾振平:“我国公司清算制度之探讨”，载《人民法院报》2003 年 11 月 26 日。
40. 王红一:“公司清算中如何维护债权人利益”，载《中国审判》2007 年第 5 期。
41. 韩长印、楼孝海:“建立公司法定清算人制度”，载《法学》2005 年第 8 期。
42. 吕涛:“论公司强制清算中的责任承担”，载《河北法学》2001 年第 1 期。
43. 孔明:“从恶意不清算行为看公司清算制度的完善”，载《中国工商管理研究》2007 年第 4 期。
44. 卢代富、吴春燕:“企业运行中的国家干预法律制度研究”，载《现代法学》1998 年第 6 期。
45. 周建裕:“对公司被吊销执照不进行清算现象的法经济学分析及对策”，

载《社科纵横》2006 年第 3 期。
46. 王伟、李艳："交易安全与公司清算法律制度的完善"，载《法律适用》2001 年第 12 期。
47. 李国光："当前民商事审判工作应当注意的主要问题——在全国法院民商事审判工作会议上的讲话"（摘要），载《中华人民共和国最高人民法院公报》2001 年第 6 期。
48. 沈芳、唐小凌："公司被动解散清算时债权人权益法律保护的完善——解析公司法第 181 条第四项导致的清算"，载《无锡商业职业技术学院学报》2007 年第 2 期。
49. 金博："论我国破产债权补充申报制度"，载《法制与社会》2007 年第 12 期。
50. 章青山："清算中公司的性质及其实践逻辑"，载奚晓明主编：《中国民商审判》，法律出版社 2003 年版。
51. 何旺翔："德国的破产计划制度——公平与效率前提下的高度意思自治"，载《江海学刊》2007 年第 6 期。
52. 李季宁："管理人制度相关问题探析"，载《法律适用》2007 年第 10 期。
53. 柳经纬："权利能力的若干基本理论问题"，载《比较法研究》2008 年第 1 期。
54. 钱玉林："英国的股东派生诉讼：历史演变和现代化改革"，载《环球法律评论》2009 年第 2 期。
55. 于海梅："深石原则法律适用问题研究"，载《法制与社会》2008 年第 14 期。
56. 毕金平："论税收优先权与民事优先权的竞合"，载《江淮论坛》2006 年第 4 期。
57. 李春光："论税收优先原则"，载《当代法学》2003 年第 12 期。
58. 张晓琛："论公司清算障碍的原因及预防"，载《法制与社会》2009 年第 19 期。

59. 刘文："论我国公司清算人产生方式之完善"，载《西南民族大学学报》（人文社会科学版）2007 年第 12 期。

60. 虞政平："吊销营业执照的法律效力"，载《法律适用》2003 年第 10 期。

61. 王欣新、孙晓敏："谈公司清算制度之立法完善"，载《中国工商管理研究》2005 年第 8 期。

62. 郑祝君："公司与社会的和谐发展——美国公司制度的理念变迁"，载《法商研究》2004 年第 4 期。

63. 刘惠明："日本公司法上的法人人格否认法理及其应用"，载《环球法律评论》2004 年第 1 期。

64. 郭升选："'公司人格否认'辩"，载《法律科学》2000 年第 3 期。

65. 刘敏："关于股东请求解散公司之诉若干问题的思考"，载《法律适用》2006 年第 10 期。

66. 甘培忠："关于新公司法对公司设立、合并、分立、解散、清算、破产作出调整规定的几个问题"，载中国民商法律网，最后访问日期：2009 年 6 月 8 日。

67. 王成："公司被吊销后股东清算责任的承担"，载中国民商法律网，最后访问日期：2009 年 6 月 8 日。

68. 毛德龙："论解散后未经清算的企业法人诉讼主体地位的架构"，载中国民商法律网，最后访问日期：2009 年 6 月 8 日。

69. 胡晓静："论公司治理中的利益平衡"，吉林大学 2007 年博士学位论文。

70. 杨忠孝："企业破产程序中的利益平衡"，华东政法大学 2005 年博士学位论文。

71. 韩长印："企业破产立法的公共政策构成"，中国人民大学 2001 年博士学位论文。

72. 丁文联："论企业破产程序中的利益平衡"，对外经济贸易大学 2005 年博士学位论文。

73. 刘敏："公司清算法律制度研究"，中国人民大学 2007 年博士学位论文。

（二）著作类

1. （台）黄立：《民法总则》，三民书局 1994 年版。

2. （台）王泽鉴：《民法总则》，中国政法大学出版社 2001 年版。

3. （台）陈春生：《核能利用之法律规制》，台湾月旦出版社股份有限公司 1995 年版。

4. ［韩］李哲松：《韩国公司法》，吴日焕译，中国政法大学出版社 2000 年版。

5. ［日］谷口安平：《程序的正义与诉讼》，王亚新、刘荣军译，中国政法大学出版社 1996 年版。

6. ［日］末永敏和：《现代日本公司法》，金洪玉译，人民法院出版社 2000 年版。

7. ［日］高桥宏志：《民事诉讼法——制度与理论的深层分析》，林剑锋译，法律出版社 2003 年版。

8. ［日］松波仁一郎：《日本商法论》，何勤华主编，秦瑞玠、郑钊译述，王铁雄点校，中国政法大学出版社 2005 年版。

9. ［日］金子宏：《日本税法原理》，刘多田等译，中国财政经济出版社 1989 年版。

10. ［日］大须贺明：《生存权论》，林浩译，法律出版社 2001 年版。

11. ［日］北野弘久：《税法学原论》，郭美松、陈钢译，中国检察出版社 2000 年版。

12. ［日］小岛武司：《诉讼制度改革的法律与实证》，郭美松等译，法律出版社 2001 年版。

13. ［德］马克斯·韦伯：《经济与社会》（下卷），林荣元译，商务印书馆

1997 年版。
14. [德] 马克斯·韦伯:《新教伦理与资本主义精神》,于晓、陈维纲等译,三联书店 1987 年版。
15. [德] 迪特尔·梅特库斯:《德国民法总论》,邵建东译,法律出版社 2000 年版。
16. [德] 拉德布鲁赫:《法学导论》,米健、朱林译,中国大百科全书出版社 1987 年版。
17. [美] E. 博登海默:《法理学:法律哲学与法律方法》,邓正来译,中国政法大学出版社 1999 年版。
18. [美] R. C. 克拉克:《公司法则》,胡平等译,中国工商出版社 1999 年版。
19. [美] 肯尼斯·S. 亚伯拉罕、阿尔伯特·C. 泰特:《侵权法重述——纲要》,许传玺、石宏等译,许传玺审校,法律出版社 2006 年版。
20. [美] 迈克尔·波特:《国家竞争优势》,李明轩、邱如美译,华夏出版社 2002 年版。
21. [美] 詹姆斯·M. 布坎南:《民主财政论》,穆怀朋译,商务印书馆 1993 年版。
22. [美] 乔迪·S. 克劳斯、史蒂文·D. 沃特主编:《公司法和商法的法理基础》,金海军译,北京大学出版社 2005 年版。
23. [美] 迈克尔·贝勒斯:《法律的原则——一个规范的分析》,张文显等译,中国大百科全书出版社 1996 年版。
24. [美] 罗尔斯:《正义论》,何怀宏等译,中国社会科学出版社 2009 年版。
25. [美] 麦克尼尔:《新社会契约论》,雷喜宁、潘勤译,中国政法大学出版社 1994 年版。
26. [美] 尼尔·K. 考默萨:《法律的限度——法治、权利的供给与需求》,申卫星、王琦译,商务印书馆 2007 年版。

27. ［加］布赖恩·R. 柴芬斯:《公司法：理论、结构和运作》，林华伟、魏旻译，法律出版社 2001 年版。

28. ［英］约翰·洛克:《政府论》（下篇），叶启芳、瞿菊农译，商务印书馆 1964 年版。

29. ［美］科斯、哈特、斯蒂格利茨:《契约经济学》，［瑞典］拉斯·沃因、汉斯·韦坎德编，李风圣主译，经济科学出版社 1999 年版。

30. 沈达明编:《法国商法引论》，对外经济贸易大学出版社 2001 年版。

31. 徐孟洲、谭立:《税法教程》，首都经济贸易大学出版社 2002 年版。

32. 奚晓明:《最高人民法院关于公司法司法解释（一）、（二）的理解与适用》，人民法院出版社 2008 年版。

33. 蔡福华:《公司解散的法律责任》，人民法院出版社 2005 年版。

34. 王璟:《商法特性论》，知识产权出版社 2007 年版。

35. 罗培新:《公司法的合同解释》，北京大学出版社 2004 年版。

36. 龙卫球:《民法总论》，中国法制出版社 2002 年版。

37. 李锡鹤:《民法哲学论稿》，复旦大学出版社 2000 年版。

38. 张维迎:《企业的企业家——契约理论》，上海人民出版社 1995 年版。

39. 刘俊海:《公司的社会责任》，法律出版社 1999 年版。

40. 张民安:《公司法上的利益平衡》，北京大学出版社 2003 年版。

41. 甘功仁、史树林:《公司治理法律制度研究》，北京大学出版社 2007 年版。

42. 胡雪梅:《英国侵权法》，中国政法大学出版社 2008 年版。

43. 苏力:《法治及其本土化资源》，中国政法大学出版社 2004 年版。

44. 张文显:《法哲学范畴研究》，中国政法大学出版社 2001 年版。

45. 蔡昉、林毅夫:《中国经济》，中国财政经济出版社 2003 年版。

46. 郑杭生:《社会学概论新修》（第 3 版），中国人民大学出版社 2003 年版。

47. 朱伟一:《美国公司法判例解析》，中国法制出版社 2000 年版。

48. 梁能:《公司治理结构：中国的实践和美国的经验》，中国人民大学出版社 2001 年版。
49. 范黎波、李自杰:《企业理论与公司治理》，对外经济贸易大学出版社 2001 年版。
50. 梅慎实:《公司机关权力构造理论》（修订版），中国政法大学出版社 2000 年版。
51. 李萍译:《法国公司法规范》，法律出版社 1999 年版。
52. 王保树主编:《最新日本公司法》，于敏、杨东译，法律出版社 2006 年版。
53. 邓辉:《论公司法中的国家强制》，中国政法大学出版社 2004 年版。
54. 齐树洁:《民事程序法》，厦门大学出版社 1998 年版。
55. 史尚宽:《民法总论》，中国政法大学出版社 2000 年版。
56. 郑玉波:《公司法》，台湾三民书局 1993 年版。
57. 毛亚敏:《公司法比较研究》，中国法制出版社 2002 年版。
58. 苏小勇:《公司清算法律实务》，法律出版社 2007 年版。
59. 梁慧星:《中国民法典草案建议稿附理由：侵权行为编》，法律出版社 2004 年版。
60. 吴敬琏:《现代公司与企业改革》，天津人民出版社 1994 年版。
61. 张开平:《英美公司董事法律制度研究》，法律出版社 1998 年版。
62. 江平:《民法学》，中国政法大学出版社 2000 年版。
63. 徐国栋:《民法基本原则解释——成文法局限性之克服》，中国政法大学出版社 1992 年版。
64. 中国人民大学法律系编:《外国民法论文选》（二），中国人民大学出版社 1986 年版。
65. 胡长清:《中国民法总论》，中国政法大学出版社 1997 年版。
66. 江平:《新编公司法教程》，法律出版社 2003 年版。
67. 苏永钦:《走进新世纪的私法自治》，中国政法大学出版社 2002 年版。

68. 柯芳枝：《公司法论》，中国政法大学出版社 2004 年版。
69. 石少侠：《公司法教程》，中国政法大学出版社 1998 年版。
70. 胡果威：《美国公司法》，法律出版社 1998 年版。
71. 江平主编：《法人制度论》，中国政法大学出版社 1993 年版。
72. 官欣荣：《独立董事制度与公司治理：法理和实践》，中国检察出版社 2003 年版。
73. 胡鸿高：《商事法概论》，东方出版中心 1999 年版。
74. 胡鸿高：《合同法原理与应用》，复旦大学出版社 1999 年版。
75. 张开平：《英美董事制度研究》，法律出版社 1998 年版。
76. 童兆洪：《公司法法理与实证》，人民法院出版社 2003 年版。
77. 金邦贵译：《法国商法典》，中国法制出版社 2000 年版。
78. 顾功耘：《公司法》，北京大学出版社 2000 年版。
79. 周枏：《罗马法原论》，商务印书馆 2004 年版。
80. 杜景林、卢谌译：《德国股份公司法、德国有限责任公司法、德国公司改组法、德国参与决定法》，中国政法大学出版社 2000 年版。
81. 王保树：《中国公司法修改草案建议稿》，社会科学文献出版社 2004 年版。
82. 王保树：《商法的改革与变动的经济法》，法律出版社 2003 年版。
83. 黄来纪、顾经仪：《公司法比较》，福建人民出版社 1999 年版。
84. 张文显：《二十世纪西方法哲学思潮研究》，法律出版社 1996 年版。
85. 蒋大兴：《公司法的展开与评论》，法律出版社 2001 年版。
86. 梁慧星：《民法总论》，法律出版社 2007 年版。
87. 叶林：《公司法研究》，中国人民大学出版社 2008 年版。
88. 赵旭东：《新公司法讲义》，人民法院出版社 2005 年版。
89. 江平、李国光：《最新公司法理解与适用》，人民法院出版社 2006 年版。
90. 赵晓光、王学政主编：《中华人民共和国公司登记条例释义》，中国市场出版社 2006 年版。

91. 李飞、王学政主编:《中华人民共和国公司法释义》，中国市场出版社 2005 年版。

92. 刘剑文:《税法专题研究》，北京大学出版社 2002 年版。

二、外文文献

1. Denis O'Connor, "Stop the Bleeding Financial Reporting Considerations of Liquidating a Business", *American Bankruptcy Institute Journal*, 2000.

2. Melvin A. Eisenberg, "The Conception that the Corporation Is a Nexus of Contracts, and the Dual Nature of the Firm", *Journal of Corporation Law*, 24 (1999).

3. Margaret M. Blair and Lynn A. Stout, "A Team Production Theory of Corporate Law", 85 *Virginia Law Review* 1999.

4. Lon L. Fuller, "The Forms and Limits of Adjudication", 92 *Harvard L. Rev.* 1978.

5. David Peress, "The Evolution of the Liquidator's Role in Restructuring Transactions", the Ozer Group LLC Needham, *American Bankruptcy Institute Journal*, 2003.

6. Mark A. Stein, Stewart L. Cohen, "New Approaches to Retail Inventory Liquidation", *American Bankruptcy Institute Journal*, 1997.

7. Michael C. Jensen, William H. Meckling, "Theory of the Firm: Managerial Behavior, Agency Costs and Ownership Structure", *Journal of Finance Economics*, No. 3, Issue 4, 1991.

8. John C. Anderson & Peter G. Wright, "Liquidating Plans of Reorganization", *American Bankruptcy of Law Journal*, Vol. 56, 1982.

9. Bruce H. White, William L. Medford, "Liquidation Trustee Liability: What You Can't See Can Hurt You", *American Bankruptcy Institute Journal*, 2002.

10. John Kokoska & Robert Starzyk, "Liquidations: Finding Value Creates Success", *American Bankruptcy Institute Journal*, 2003.

11. *Dodge v. Ford Motor Co.*, 170 N. W. 668 (Mich 1919).

12. Andrew Keay, *The Supervision and Control of Liquidators*, Sweet & Maxwell Limited and Contributors, 2000.

13. Karen Houston, *Agreement to Share Fruits of Wrongful Trading Claim Void*, Sweet & Maxwell Limited and Contributors, 1997.

4. Steven A. Frieze, *Removing an Office Holder*, Sweet & Maxwell Limited and Contributors, 1997.

15. Patrick Bourke, *When Will the Court Remove a Liquidator from Office*, Sweet & Maxwell Limited and Contributors, 2003.

16. Stuart Pinnington, *Winding Up a British Virgin Islands Company*, Sweet & Maxwell Limited and Contributors, 2007.

17. Andrew Keay, *The Law of Company Liquidation*, LBC Information Services, 1999.

18. Stuart M. Rosen, Jennifer J. Rhodes, W. Andrew Ryu, *Preliminary Injunctions: A Respondent's Perspective*, John Marshall Law School, 2005.

19. Jeffrey M. Telep, *Injunctions Against Liquidation in Trade Remedy Cases: A Petitioners' View*, John Marshall Law School, 2005.

20. Robert W. Hamilton, *The Law of Corporations*, 6th ed., West Group, 2010.

21. Frank H. Esterbrook, Daniel R. Fishel, *The Economic Structure of Corporate Law*, Harvard University Press, 1990.

22. Gower and Davies, *The Principles of Modern Company Law*, Sweet & Maxwell, 2008.

23. Jesse H. Choper, John C. Coffee, Jr., & Ronald J. Gilson, *Cases and Materials on Corporations*, CITIC Publishing House, 2003.

24. David Newman, Maddocks, "The History of Employee Piority and Protection in Australian Corporate Insolvency", http: //www. maddocks. com. au, 2009 - 3 - 18.

25. Harmer Report, Volume 1, www. austlii. edu. au/au/other/alrc/publications/reports/45/Report_ 45vl. txt, 2009 - 3 - 18.

后记

本书是我在复旦大学法学院求学3年的最终成果。回想当年在键盘上敲下最后一个回车后，我知道，这不仅是对我在复旦法学院3年求学生涯的一个交代，更是对我8年来的法学学习生涯的一个交代。从华东政法学院，到上海社会科学院，再到复旦大学，一路走来，虽然谈不上坎坷，却也经受了不少磨砺。

当年放弃了外资企业的工程师职位转而投身华政专心学习法律，我原本只是觉得自己拙于理工，欲就此转行。然而经过学习后，我竟渐渐地对法学产生了兴趣，加之毕业之后也一直从事法律方面工作，我又在职攻读了上海社会科学院的法学硕士。3年硕士研究生的经历更加强化了我深入研习法学理论的念头，于是又在硕士研究生毕业那年报考了复旦大学法学院的博士研究生。原本以为博士研究生只需要完成一篇博士学位论文即可，而无需占用日常的工作时间。然而事与愿违，整个3年的求学期间，我有将近一半的时间奔波于单位和复旦大学法学院之间。虽然之间少不了劳累，但是很多课确使我获益匪浅，也使我感觉到了人文社会科学的博大与自己的无知，从而更加鞭策我在学海中不断求索。

在复旦法学院攻读法学博士学位的3年里，我得到了很多人的帮助和支持，在此谨表谢意。首先当然是我尊敬的博士研究生导师胡鸿高先生。先生严谨的治学精神、儒雅的风范和热情的态度都给我留下了深刻的印象，也将深深地影响我今后的学习和生活。法学院刘士国教授、王全弟教授、段匡教授、季立刚教授等诸位教授都对我论文的选题、框架结构、论证过程等提出了不少宝贵的意见和建议，这对我的论文写作很有助益，在此一并致谢。另外，我还要向长期以来一直对我的学习和工作都给予了很大支持和帮助的上海市社联党组书记、专职副主席，我国著名法学家沈国明教授致以衷心的感谢。正是沈教授的鼓励、支持和帮助使我的法学深造之路得以延续。

在这3年中，我工作单位的各位领导，尤其是我所在部门的领导，他们的正直和开明使我得以一边工作一边学习，按期完成学业；单位的各位同事不仅从精神上给我以鼓励和支持，更是在我忙于学业的时候默默地帮我分担了很多工作，值此论文付梓之际，我由衷地对他们说声“谢谢”。

无论如何也要向我的家人致以谢意。父母、岳父母都对我的求学给予了他们力所能及的最大支持，不仅帮我分担了很多家务，更是在我论文写作的紧要关头给我创造了最安定和温馨的学习环境，保证了我的写作进度。妻子无论在我顺利还是艰难的时刻，都从精神和行动上给予了我鼓励和支持，帮我照管孩子的学业和起居，使我能够安心学习、写作。

还要感谢与我同窗3载的复旦大学法学院博士班的各位同学，在复旦求学的几年里，你们对我的支持和帮助令我感动、难忘。虽然我们毕业后将各奔东西，但3年美好的时光将永远留在我的记忆里，再见亦是朋友。

日月光华，卿云长系。复旦大学悠久的历史和深厚的底蕴深深地感染了我，让我不忍离去。然而，多年社会科学研习的经历告诉我，社会科学的真理应当体现在制度的优化和人们道德情操的提升中。如今，我已经在上海对外经贸大学法学院安定地从事法学教育和研究工作，也算是居有定所，学有所用。而彼时的离去应当正是我今天事业的开始，是用之于校园，馈之于社会的开始。吾将为之不懈求索。

是为后记。

李　磊

2014年4月

图书在版编目（CIP）数据

公司司法清算法理与制度研究：以利益平衡为视角/李磊著.—北京：中国政法大学出版社，2014.8

ISBN 978-7-5620-5416-0

Ⅰ.①公…　Ⅱ.①李…　Ⅲ.①破产法－研究－中国　Ⅳ.①D922.291.924

中国版本图书馆CIP数据核字(2014)第152744号

出 版 者　中国政法大学出版社

地　　址　北京市海淀区西土城路 25 号

邮寄地址　北京 100088 信箱 8034 分箱　邮编 100088

网　　址　http://www.cuplpress.com（网络实名：中国政法大学出版社）

电　　话　010-58908289(编辑部) 58908334(邮购部)

承　　印　固安华明印业有限公司

开　　本　880mm×1230mm　1/32

印　　张　8.75

字　　数　205 千字

版　　次　2014 年 8 月第 1 版

印　　次　2014 年 8 月第 1 次印刷

定　　价　29.00 元